# # 2 x Persistencia Resiliencia

Si nos fijamos en las profundidades del diccionario, nos encontramos con que la persistencia es nuestra consistencia en hacer algo, y la resiliencia es cómo hacer frente a los problemas y nos adaptamos a los cambios siempre superar una manera mágica, son casi las palabras que se complementan entre sí, e inevitablemente genera un resultado increíble en su negocio porque imaginemos que su empresa ha contratado Sortweb Estudio para cuidar de las redes sociales, la repetición de mensajes en sus redes sociales seguramente dará resultados debido a que algunos clientes que quieren contratar a su servicio o comprar su producto a veces no está listo para ser su cliente y cuando se está apareciendo cada día para él, parece que lo más fácil la toma de decisiones, para su negocio o su empresa se convierte en parte de su vida, por lo que no se demore este proceso,haga clic en el siguiente enlace a nuestro número de WhatsApp vamos a crear una estrategia de marketing para su empresa. Haga clic a continuación

https://wa.me/5551996770670

#projeto366#post2de366#criaçãodesite#sortweb#agenciacompleta#grafica#marketing digital

# 3 - el famoso Avatar Invitado

Ese es el mayor tabú de nuestros clientes hoy en día, la gran mayoría de los clientes a pensar en vender a todo el mundo es la mejor estrategia, mientras que la segmentación y el famoso lugar es mucho más consistente de ventas, y con precios aún más altos, tanto más cuanto que segmento, como nichar mi negocio, y la respuesta es bastante simple hay 10 preguntas que debe responder para encontrar su público ideal, o si lo prefiere su avatar, usted sabe quién es el personaje perfecto para su negocio, es mucho más fácil de vender sabemos que a veces es muy complejo para hacer la descripción de la misma, y por eso tenemos este servicio en Sortweb, si desea hacer usted mismo, proporcionaremos las 10 preguntas que debe responder el pensamiento acerca de su cliente.

Pero si usted quiere contratar nuestros servicios, estamos listos para servirle rápida y fácilmente configurar su informe, casi automáticamente, simplemente haga clic en el enlace de abajo y se le enviará a nuestro Whatsapp.

Haga clic a continuación

https://wa.me/5551996770670

#projeto366#post3de366#criaçãodesite#sortweb#agenciacompleta#grafica#marketingdigital#avatar#clientesnovos#comoconseguirclientes

# 4 - Preguntas

Como se ha dicho en el post anterior, es necesario responder a algunas preguntas para definir su cliente ideal y el primero es lo que hace a su cliente a perder el sueño por la noche, lo que lo hace de acuerdo con la indigestión, los ojos abiertos mirando al techo? respuesta en los comentarios que le ayudarán a encontrar el cliente ideal, esto es sólo la punta del iceberg todavía tienen 9 preguntas más para configurar su avatar si tiene dificultad, sabemos que a veces es muy compleja para hacer la descripción de la misma, y por lo que tenemos este servicio en Sortweb,

Si desea contratar nuestros servicios, estamos listos para servirle rápida y fácilmente configurar su informe, casi automáticamente, simplemente haga clic en el enlace de abajo y se le enviará a nuestro Whatsapp.

Haga clic a continuación

https://wa.me/5551996770670

#projeto366#post4de366#criaçãodesite#sortweb#agenciacompleta#grafica#marketing digital#avatar#clientesnovos#comoconseguirclientes#projeto366sortweb

# # 5 - ¿Qué temen?

Tenga en cuenta que si su cliente no obtiene sueño por la noche, sin duda es miedo de algo o algo, siempre recuerda que no hay una respuesta equivocada, es importante responder a lo que viene a la mente, como para temer este miedo a ser conectado a muchas cosas como el dolor, o puede ser algo más profundo, un dolor común puede ser la seguridad de su familia, es importante que se puede describir como muchos sentimientos que podemos, porque es a través de estos sentimientos que creamos un centrado campañas de marketing digital en disparadores mentales de sus clientes, por lo que la venta mucho más simple y más fácil.

Siempre recuerde que si es difícil identificar su cliente ideal, la famosa imagen de usuario, puede contratar el Sortweb Estudio para personalizar su campaña con nuestras herramientas personalizadas podemos crear rápidamente con facilidad, casi automáticamente, simplemente haga clic en el enlace de abajo y usted será enviado a nuestro Whatsapp.

Haga clic a continuación

https://wa.me/5551996770670

#projeto366#post5de366#criaçãodesite#sortweb#agenciacompleta#grafica#marketing digital#avatar#clientesnovos#comoconseguirclientes#projeto366sortweb

# 6 - #Del y lo que se siente enojado?

Hay algo en la vida de su cliente que le molesta demasiado, puede ser el jefe, puede ser el gobierno, encontrando que es posible utilizar un enemigo común gatillo mental y aumentar las ventas ya que nunca se ha visto, como he dicho en otras críticas, cuanta más información tiene sobre la campaña de retorno de su cliente va a ser abrumador porque los anuncios y la campaña está dirigida al público objetivo exacto que desea su producto, tiene una respuesta inmediata.

Deja en los comentarios lo que sus clientes se sienten enojados, más son las preguntas difíciles o quiere ayuda, puede contratar el Sortweb fácilmente, y vamos a responder de forma casi automática, haga clic en el enlace de abajo y se le enviará a nuestro Whatsapp.

Haga clic a continuación

https://wa.me/5551996770670

#projeto366#post6de366#criaçãodesite#sortweb#agenciacompleta#grafica#marketing digital#avatar#clientesnovos#comoconseguirclientes#projeto366sortweb

# # 7 - #qué son los tres mayores frustraciones diarias de ellos?

Sabemos que algunas preguntas son más difíciles que otros, más esta especificidad es lo que hará que sus ventas, no se puede imaginar el potencial para encontrar su nicho de mercado y el avatar, más que responder a esta pregunta se puede imaginar su propio día, lo que irrita, piense en su audiencia y lo que está ofreciendo, si se le deja enojado, por lo que buscará otra solución, por fin sabemos la dificultad de responder a estas preguntas, después de todo esto es nuestra caja de negro para desarrollar campañas el éxito en Internet, por lo que si es complicado, por favor, póngase en contacto con nosotros, es fácil y rápido, haga clic en el enlace de abajo y se le enviará a nuestro Whatsapp.

## Haga clic a continuación

https://wa.me/5551996770670

#projeto366#post7de366#criaçãodesite#sortweb#agenciacompleta#grafica#marketing digital#avatar#clientesnovos#comoconseguirclientes#projeto366sortweb

# 8 -#la lo que está sucediendo o va a suceder en su vida personal y profesional?

Es pregunta es fácil de responder lo que ocurrirá si siguen haciendo lo que siempre hacen en poco tiempo pueden perder su trabajo, por ejemplo, se puede imaginar lo que el miedo gatillo mental, sería para ese cliente, las ventas se basan en disparadores mentales, debido a que la toma de decisiones en su mayor parte es emocional, por lo que nuestras campañas se basan en las estrategias centradas en el público objetivo, por lo que el resultado es siempre superior a otras agencias por su dedicación en cada pieza de marketing digital que creamos.


Por fin sabemos la dificultad de responder a estas preguntas, después de todo esto es nuestra caja de negro para desarrollar campañas de éxito en Internet, por lo que si es complicado, por favor, póngase en contacto con nosotros, es fácil y rápido, haga clic en el enlace de abajo y se le enviará a nuestro Whatsapp.

Haga clic a continuación

https://wa.me/5551996770670

#projeto366#post8de366#criaçãodesite#sortweb#agenciacompleta#grafica#marketing digital#avatar#clientesnovos#comoconseguirclientes#projeto366sortweb

# 9 -#Qué que más quieren?

¿Cuál es el deseo más profundo de su público? hay varios niveles por explorar podría ser la superficie como "hacerse rico", y una edad más profunda y sin la preocupación, la diferencia puede parecer sutil diferencia mucho en la construcción de una campaña de marketing a menudo como tenemos la información completa , las campañas son explosivos, si usted está teniendo dificultades para responder a las preguntas, nuestras campañas de marketing digital se basan en las 10 preguntas esenciales de la creación de la audiencia, puede ponerse en contacto con nosotros fácilmente haciendo clic en el enlace de abajo, y se le dirigirá a nuestra WhatsApp, el servicio es muy rápido y fácil.

Haga clic a continuación

https://wa.me/5551996770670

#projeto366#post9de366#criaçãodesite#sortweb#agenciacompleta#grafica#marketing digital#avatar#clientesnovos#comoconseguirclientes#projeto366sortweb

# 10 como es la de hacer de su cliente decisión?

Para algunos clientes pueden ser más emocional, a más analítico como ingenieros, esta respuesta es muy interesante, ya que también es aquí donde activar disparadores mentales la creación de campañas de marketing digital en facebook si usted está teniendo un poco de problemas que se ayudarle más si desea contratar el Sortweb Estudio para optimizar su tiempo, que puede hacer que sea muy simplemente haciendo clic en el enlace de abajo, y usted será dirigido a nuestra WhatsApp, el servicio es muy rápido y fácil.

Haga clic a continuación

https://wa.me/5551996770670

#projeto366#post9de366#criaçãodesite#sortweb#agenciacompleta#grafica#marketing digital#avatar#clientesnovos#comoconseguirclientes#projeto366sortweb

# 11 - Tienen su propio idioma? Jerga o expresiones

La atención no se pierde son en la pregunta 8 sobre cómo encontrar su cliente perfecto, o si prefiere que su avatar, que se describe a él, así que hemos conseguido crear campañas fantásticas con respecto a la nota cuestión hace muy poco casi no tenía conocimiento de #crossfitAdemás, el deporte se ha creado un lenguaje totalmente personalizado para conversaciones con sus clientes, y hoy tienen un vocabulario que sólo aquellos que practican llegar a conocer, a continuación, su audiencia tiene algo que puede ser explotada en consecuencia.


Tenga en cuenta que las preguntas pueden ser complicadas, la mayor parte de nuestras campañas de marketing digital van mucho más allá de edad, sexo y ubicación, que hace toda la diferencia en los ingresos y las ventas, por lo que si desea contratar el Sortweb Estudio para optimizar su tiempo que puede hacer que sea muy simplemente haciendo clic en el enlace de abajo, y será dirigido a nuestro WhatsApp, el servicio es muy rápido y fácil.

Haga clic a continuación⬇

https://wa.me/5551996770670

#projeto366#post11de366#criaçãodesite#sortweb#agenciacompleta#grafica#marketing digital#avatar#clientesnovos#comoconseguirclientes#projeto366sortweb

# 12 - ¿Quiénes son sus competidores?

Esta es sin duda una de las preguntas más fáciles de responder, cuanto más tratar de averiguar cómo sus competidores entregan el producto a encontrar lagunas que pueden ser explotadas, un buen ejemplo de esto es que tenemos a un cliente de un bar que vende aperitivos maravillosos, más el competidor era siempre lleno, así que nos dirigimos a la competidora de entender por qué este fenómeno, a continuación, nos encontramos con que el bar no tenía "aire acondicionado" era una laguna fácil de explotar, a continuación, nos dirigimos a una campaña regional, diciendo "el más grande de la ciudad X es en la comodidad del aire acondicionado", listo para la campaña acaba de estallar tantas ventas, algo que se parece a un poco más de detalle hace toda la diferencia en el momento de vender, si desea contratar el Sortweb Estudio para optimizar su tiempo,que puede hacer que sea muy simplemente haciendo clic en el enlace de abajo, y será dirigido a nuestro WhatsApp, el servicio es muy rápido y fácil.

Haga clic a continuación

https://wa.me/5551996770670

#projeto366#post12de366#criaçãodesite#sortweb#agenciacompleta#grafica#marketing digital#avatar#clientesnovos#comoconseguirclientes#projeto366sortweb

# 13 - ¿Quién trató de vender a la opinión pública y porque no hizo el trabajo?

Si se cayó aquí con un paracaídas, a continuación, calmar la Sortweb estudio es pionero en la creación del Proyecto 366, donde estarán 366 publicación durante todo el año, con una gran cantidad de consejos, historias y carteras, y en el que comienza abrimos la caja de negro para la creación de campañas digitales, ya sea en Facebook o Instagram, la respuesta a estas preguntas puede crear un público objetivo bien definido, y casi subnichar su seguimiento, el famoso avatar.

Con él se pueden crear campañas más específicas que van más allá del sexo, edad y ubicación, ahora tenemos un número de opciones y herramientas de orientación, por lo que tenemos muchos resultados en nuestras campañas de marketing digital, si este asunto es muy complejo, podemos optimizar su tiempo, y crear campañas para usted, la creación de la estrategia adecuada para su negocio.

Usted puede hacer que sea muy simplemente haciendo clic en el enlace de abajo, y será dirigido a nuestro WhatsApp, el servicio es muy rápido y fácil.

Haga clic a continuación

https://wa.me/5551996770670

#projeto366#post13de366#criaçãodesite#sortweb#agenciacompleta#grafica#marketing digital#avatar#clientesnovos#comoconseguirclientes#projeto366sortweb

# 14 - Tarjeta de Facebook -

Algunos de nuestros clientes vienen a imagemzinha llamada, otra bandera, y por supuesto el nombre técnico más armonizado para el diseñador y los programadores es la tarjeta. Esta imagen lo general viene con una llamada, el famoso título, porque como tenemos muchas opciones e información para aplicaciones en la necesidad de llamar la atención desde el título de una publicación o un anuncio, Facebook no limita la forma en que esta tarjeta se publica sin embargo si quieres hacer un anuncio hay una proporción de texto, es decir, no se puede poner más de un 20% de texto en un anuncio, ya que es rechazada por Facebook y su anuncio no se mostrará a cualquiera.

El estudio Sortweb siempre piensa llamar a un titular para la promoción, junto con un texto con disparadores mentales, generando de esta manera una acción de su cliente y, posiblemente, una venta o incluso un cliente potencial. Si aún desea crear sus tarjetas existen varios programas que permiten a esta creación, más si quieres una producción profesional, usted tiene la Sortweb Studio como su aliado para cuidar de sus redes sociales, si viene aquí por casualidad, somos un proyecto 366 mensajes, uno por día con consejos, ideas, y en febrero serán historias con balcones increíbles en el mundo del marketing digital.

Contacta con nosotros es fácil y rápido, haga clic en el enlace de abajo y se le enviará a nuestro Whatsapp.

Haga clic a continuación

https://wa.me/5551996770670

#projeto366#post14de366#criaçãodesite#sortweb#agenciacompleta#grafica#marketing digital#avatar#clientesnovos#comoconseguirclientes#projeto366sortweb#carddefacebook#cartãovirtual#cartãodewhats#storyanimado#impulsos#instagram#anunciofacebook#anuncioinstagram#anunciogoogle

# 15 - Calendario lleno de gente -

Cuando firmamos el contrato con el cliente, la principal preocupación era llenar el agente, ya que tenía los días pico y muchos días sin ningún cliente, hemos creado un sitio optimizado para Google, entonces se crea redes sociales, y después creamos una campaña enfocada en Google esto no sólo permitió que se quedara en primer lugar como llenar por completo su agenda, hoy en día el costo con Google es de aproximadamente R $ 150.00 mensual y el resultado es una increíble relevancia tanto en la remuneración y en la orgánica, más tranquilo si el vocabulario es algo compleja, se puede contratar el Sortweb Studio para crear su campaña profesional en Google, dinero desperdicio dejar de tratar de encontrar un poco de forma de engañar a las herramientas y los conocimientos de nuestro equipo es rápido y fácil de hablar con nosotros haga clic en el enlace a continuación y se le enviará a nuestro Whatsapp.

Haga clic a continuación

https://wa.me/5551996770670

#projeto366#post14de366#criaçãodesite#sortweb#agenciacompleta#grafica#marketing

digital#avatar#clientesnovos#comoconseguirclientes#projeto366sortweb#carddefacebook#cartãovirtual#cartãodewhats#storyanimado#impulsos#instagram#anunciofacebook#anuncioinstagram#anunciogoogle

# 16 - Estrategia - 5 x

La creación de la estrategia es quizás el punto más fuerte de la campaña, en posesión de todos los datos de nuestros clientes hay varias maneras de crear el marketing digital, y entre ellas la primera se está traquear todo lo que se usa, más tranquilo si esta palabra es nueva para usted, no se preocupe, aquí te enseñamos lo que una campaña trackeada.

Trackear es como si nos ponemos un código en todas las piezas de marketing para ver qué campaña está dando más resultante es básicamente donde deben invertir más y dónde deben invertir menos después de que la fabricación de las famosas cartas ya con los productos o servicios saldrá a la venta, y por último no menos importante objetivo para su público objetivo.

Tenga en cuenta que todos estos pasos son importantes porque necesitamos saber dónde usted tiene mejores resultados de ventas, la tarjeta debido a que el diseño profesional que vende un lote se encuentra en la imagen o video, y completa la segmentación al público va más allá de una edad establecida, el sexo y la ubicación, ahora las herramientas que tiene disponible, puede crear campañas abrumadoras en las ventas.

Pero entonces ¿por qué 5x?

Bueno esta estrategia podría ser llamado 4x4 o 5x5, más el hecho es que es 6x porque trata de los grandes pilares de la Internet hoy en día debido a la divulgación está diseñado para Instagram, Facebook, Google, Google mi sitio de negocios y se puede decir aquí más mi público no está en una red específica, esto no lo hace siendo su error, ya que muchos empresarios crean pequeñas campañas, apenas probar redes, publicar algunas cosas y han dicho que no funcionaba, y la pregunta que hacemos para nuestros clientes es su competidor está vendiendo? entonces es en el Internet debe ser todos los días, o por lo menos tantos días como sea posible.

En Sortweb Estudio servir a los clientes más diversos, y tenemos planes para cuidar de su red social, le corresponde a usted para elegir el plan que mejor se ajuste a su presupuesto, y la única preocupación acerca de la venta, servicio e inventario.

Si desea contratar el Sortweb Estudio para optimizar su tiempo, que puede hacer que sea muy simplemente haciendo clic en el enlace de abajo, y será dirigido a nuestro WhatsApp, el servicio es muy rápido y fácil.

Haga clic a continuación

https://wa.me/5551996770670

#projeto366#post16de366#criaçãodesite#sortweb#agenciacompleta#grafica#marketing

digital#estrategia5x#clientesnovos#comoconseguirclientes#projeto366sortweb#carddefacebook#cartãovirtual#cartãodewhats#storyanimado#impulsos#instagram#anuncionofacebook#anuncionoinstagram#anuncionogoogle

# # 17 - Campaña en Google

Cómo responder a esa pregunta, como lo hago anuncios en Google, como me aparezco en la primera posición de Google y la respuesta es simple como el agua, "Pagar" sí hoy en día Google es un gigante en Internet, porque usted sabe que todo el mundo quiere su servicio, que desea, y que eran capaces de algoritmos robots ofrecer publicidad a los clientes potenciales, es sencillo de entender más lo que no saben es que hay diferentes tipos de anuncios y la orientación de Google, entre ellos se puede hacer publicidad en anuncios, pantalla, video, compras y remarketing, más silencioso saber estos términos técnicos son a veces complejos, e incluso si se quieren entender un poco más de cada uno de ellos detallaremos cada uno para usted.

Sortweb Studio es su aliado para cuidar de sus redes sociales, si viene aquí por casualidad, somos un proyecto de 366 puestos, uno por día, con consejos, ideas, y en febrero estaremos historias con balcones increíbles en el mundo del marketing digital.

Contacta con nosotros es fácil y rápido, haga clic en el enlace de abajo y se le enviará a nuestro Whatsapp.

Haga clic a continuación⬎

https://wa.me/5551996770670

#projeto366#post17de366#criaçãodesite#sortweb#agenciacompleta#grafica#marketing digital#estategia5x#cllentesnovos#comoconseguirclientes#projeto366sortweb#cardde facebook#cartãovirtual#cartãodewhats#storyanimado#impulsos#instagram#anuncion ofacebook#anuncionoinstagram#anuncionogoogle

# # 18 - Anuncios de Google

Bueno este es el más básico de todos, son los anuncios que aparecen al entrar en el Google y hace una búsqueda, que aparecerá en la parte superior es gratis, sólo se paga cuando un cliente potencial hace clic en su anuncio, más que diferenciarán a mantenerse en la parte superior, es simple, digamos que usted quiere cuando la palabra búsquedas alguien arquitecto porto, así hay una herramienta que le indica el costo de ese clic en su anuncio es de 3 reales por ejemplo, cada vez clics alguien en ese anuncio deducirán 3 reales, si su competidor crear una nueva campaña y la puso paga R $ 3,01 listos ya aparecerá delante de usted, hay más maneras de crear los mejores tiempos y que más tiempo vender, por lo Sortweb tiene tantos clientes. Si quieres una campaña profesional que pueda

Si quieres una campaña profesional puede ponerse en contacto con nosotros, es fácil y rápido, haga clic en el enlace de abajo y se le enviará a nuestro Whatsapp.

Haga clic a continuación

https://wa.me/5551996770670

#projeto366#post18de366#criaçãodesite#sortweb#agenciacompleta#grafica#marketing

digital#estategia5x#clientesnovos#comoconseguirclientes#projeto366sortweb#cardde facebook#cartãovirtual#cartãodewhats#storyanimado#impulsos#instagram#anuncionofacebook#anuncionoinstagram#anuncionogoogle

# 19 - Display de Google

Esta es una campaña kamikaze, si asigna una cantidad muy alta en esta campaña que podría terminar en un solo día, este pago se hace campaña por mil Visitas del anuncio, se las arregló para trabajar bien la exposición de marca, sin duda que ha introducido un sitio y la sierra de parpadear anuncios, los sitios de noticias, en definitiva se trata de una campaña que se debe utilizar en vez con más moderación, puede elegir los sitios con ella allí donde aparecen, así como otros ajustes que le permiten elegir el nicho perfecto.

Si quieres una campaña profesional puede ponerse en contacto con nosotros, es fácil y rápido, haga clic en el enlace de abajo y se le enviará a nuestro Whatsapp.

Haga clic a continuación

https://wa.me/5551996770670

#projeto366#post19de366#criaçãodesite#sortweb#agenciacompleta#grafica#marketing
digital#estategia5x#clientesnovos#comoconseguirclientes#projeto366sortweb#cardde
facebook#cartãovirtual#cartãodewhats#storyanimado#impulsos#instagram#anuncion
ofacebook#anuncionoinstagram#anunciono google

# 20 - Google Video

Esta es una muy buena campaña, pero también debe examinar cuidadosamente su público objetivo, para hoy Youtube tiene un plan premium para suscriptores, o escuchar a los vídeos sin ningún tipo de propaganda, que disminuye en gran medida una clase pública A, que sin duda se unió con la fuerza de la firma. Sin embargo Youtube trae resultados increíbles sin embargo, se traduzca en ventas.

Si quieres una campaña profesional puede ponerse en contacto con nosotros, es fácil y rápido, haga clic en el enlace de abajo y se le enviará a nuestro Whatsapp.

Haga clic a continuación

https://wa.me/5551996770670

#projeto366#post20de366#criaçãodesite#sortweb#agenciacompleta#grafica#marketing
digital#estategia5x#clientesnovos#comoconseguirclientes#projeto366sortweb#cardde
facebook#cartãovirtual#cartãodewhats#storyanimado#impulsos#instagram#anuncion
ofacebook#anuncionoinstagram#anuncionogoogle

# 21 - Compras

Google Shopping está básicamente vinculada a los productos de la tienda en línea, el producto tiene que ser vendido, literalmente, por el sitio, tiene resultados sorprendentes cuando su producto a valor de mercado, si el producto está muy por encima, es necesario crear otras estrategias que los consumidores perciben el precio agregado, sabemos que este problema puede parecer muy técnico, por lo Sortweb tener un equipo que puede ayudarle a construir estas campañas de éxito en Internet.

Si quieres una campaña profesional puede ponerse en contacto con nosotros, es fácil y rápido, haga clic en el enlace de abajo y se le enviará a nuestro Whatsapp.

Haga clic a continuación

https://wa.me/5551996770670

#projeto366#post21de366#criaçãodesite#sortweb#agenciacompleta#grafica#marketing

digital#estategia5x#clientesnovos#comoconseguirclientes#projeto366sortweb#cardde

facebook#cartãovirtual#cartãodewhats#storyanimado#impulsos#instagram#anuncion

ofacebook#anuncionoinstagram#anunciongoogle

# 22 - Ventas Copys -

Algunas palabras se activa nuestro cerebro en la parte emocional, y cuando activamos estos sentidos en un correo electrónico de ventas, o en una venta de presupuesto es inevitable, mientras que la parte lógica sólo funciona si la persona necesita algo, porque de contratar un servicio de que no necesitan.

Un marco buena como para ilustrar es un hombre cuando se va a comprar un zapato, que va a la tienda y comprar el zapato y listo, muy poco probable que obtendrá un lazo para que coincida con el zapato, porque en su mayor parte de las veces el hombre utiliza la parte lógica del cerebro, mientras que las mujeres utilizan una gran cantidad más de los sentimientos, porque son madres sensibilidad de las mujeres es mucho mayor, por lo que debe activar disparadores mentales para la venta es esencial llegar a ser.

Si en su negocio que acaba de poner lo que vende y listo, la tendencia es que las personas sólo compran a usted cuando usted realmente necesita lo que tiene que ofrecer, ya que si se crea el compromiso con su público que tienen hambre de contenido para su servicios o sus productos.

Si desea una copia de ventas para su producto que activa los disparadores mentales de su cliente ideal, en el Estudio Sortweb le puede ayudar con eso.

Si quieres una campaña profesional puede ponerse en contacto con nosotros, es fácil y rápido, haga clic en el enlace de abajo y se le enviará a nuestro Whatsapp.

Haga clic a continuación

https://wa.me/5551996770670

# 23 - El poder Encabezado -

Estos términos técnicos pueden asustar más título es un título llamativo para su anuncio, si usted ve un anuncio que dice "Comprar coche" y otra que dice "Al ver sedán, con el documento y el motor pagado garantía por un año", que de anuncios que compra, y señaló que los dos podrían ser el mismo coche, la fuerte tendencia de ventas es para el segundo, ya que pasa más especificidad en el anuncio.

Muchos de nuestros clientes cuando vienen a nosotros hacer este error, cree anuncio genérico, y las llamadas generales es difícil sobresalir, ya que hoy los servicios son muy similares, existen las llamadas que generan ingresos astronómicos, ¿se imagina vendiendo millones en una sola llamada.

El Sortweb Studio le puede ayudar en la creación de campañas con resultados abrumadores, si quieres una campaña profesional puede ponerse en contacto con nosotros, es fácil y rápido, haga clic en el enlace de abajo y se le enviará a nuestro Whatsapp.

Haga clic a continuación

https://wa.me/5551996770670

facebook#cartãovirtual#cartãodewhats#storyanimado#impulsos#instagram#anuncion
ofacebook#anuncionoinstagram#anunciongoogle

# 24 - Impreso Gráficos -

Es increíble que todavía tiene algunos de nuestros clientes que no conocen nuestra imprenta, hoy Sortweb Studio ha incorporado en sus máquinas offset estructura para ofrecer lo mejor a nuestros clientes, después de todo fuera de línea también es importante para crear campañas de participación, hemos tenido una campaña se centró en una escuela pública, donde el objetivo era la colocación de los dispositivos, así fue que surgió la idea de crear una regla y entregar en las escuelas con la marca de la empresa, la campaña fue un éxito, el aumento de las ventas brutalmente, tiene éxito el público objetivo. Nuestro gráfico nos permite ofrecer a nuestros clientes los diversos tipos de materiales de la mayoría de horas o regalos.

Nuestro gráfico nos permite ofrecer a nuestros clientes los diversos tipos de materiales de la mayoría de horas o regalos.

Si necesita cualquier material impreso, como tarjeta de presentación, volantes, sobres, camisetas, bolígrafos, entre otros, por favor, póngase en contacto con nosotros y hacer un presupuesto, es fácil y rápido, haga clic en el enlace de abajo y se le enviará a nuestro Whatsapp .

Haga clic a continuación

https://wa.me/5551996770670

# 25 - Los anuncios de Facebook -

En la creación de la campaña cada detalle cuenta, por lo que el Sortweb está atento a cada detalle, desde la creación de una imagen, la creación del texto, título, y por supuesto la configuración del público objetivo, el famoso avatar.

Un diferencial es también nuestro informe contiene información importante para usted, con detalles simples y fáciles para que usted entienda, términos no técnicos.

Si quieres una campaña profesional puede ponerse en contacto con nosotros, es fácil y rápido, haga clic en el enlace de abajo y se le enviará a nuestro Whatsapp.

Haga clic a continuación

https://wa.me/5551996770670

# 26 - Facebook Pública -

Hoy Facebook permiten una selección muy potente en la creación de una campaña publicitaria, desde los más comunes, tales como la edad, el sexo, y la ubicación hasta que la opción de selección que es con internet en Wifi o 3G. Estos objetivos son importantes para profundizar aún más el público objetivo, y ser precisa para efectuar una venta.

Si quieres una campaña profesional puede ponerse en contacto con nosotros, es fácil y rápido, haga clic en el enlace de abajo y se le enviará a nuestro Whatsapp.

Haga clic a continuación

https://wa.me/5551996770670

#projeto366#post26de366#criaçãodesite#sortweb#agenciacompleta#grafica#marketing

digital#estategia5x#clientesnovos#comoconseguirclientes#projeto366sortweb#cardde facebook#cartãovirtual#cartãodewhats#storyanimado#impulsos#instagram#anuncion ofacebook#anuncionoinstagram#anuncionogoogle

# 27 - Anuncios de Instagram -

Estos anuncios son ahora un desbordamiento en Internet, es lo que ha cogido buenas ventas el año pasado, porque la gente está gastando demasiado tiempo mirando a los storys esas pequeñas imágenes que pasan en cuestión de segundos, la curiosidad de ver los perfiles se ha convertido en una campaña tan poderosa cuando queremos llegar a la venta al por menor, después de todo, todo el mundo está sediento de sus servicios, sólo quieren aprender más, esta campaña se puede utilizar tanto para vídeo como imágenes, y si se hace correctamente tienden a traer grandes ventas.

Si quieres una campaña profesional puede ponerse en contacto con nosotros, es fácil y rápido, haga clic en el enlace de abajo y se le enviará a nuestro Whatsapp.

Haga clic a continuación

https://wa.me/5551996770670

#projeto366#post27de366#criaçãodesite#sortweb#agenciacompleta#grafica#marketing

digital#estategia5x#clientesnovos#comoconseguirclientes#projeto366sortweb#cardde

facebook#cartãovirtual#cartãodewhats#storyanimado#impulsos#instagram#anuncion
ofacebook#anuncionoinstagram#anuncionogoogle

# 28 - Power Whatsapp -

Muchas personas desprecian WhatsApp como canal de venta, más esta herramienta es muy potente, debido a mostrar la historia en la celda de su cliente tiene que tener su número y su, la mayoría imaginar que el presupuesto o el presupuesto que hizo la consulta al cliente el impulso y la guardó su número, su servicio y quería olvidar, de repente se pone al servicio por alguna razón no compró en el momento y listo para la venta ocurre.

Esto se debe a que de alguna manera ya se sabe, y tienen una cierta confianza en que, debido a que el hecho de que él salvó su número es una señal de que no estaba dispuesto a comprar más en otro momento puede ser.

Imagine que la empresa vende la parrilla tele peces, uno entra y pregunta si tienen camarones, y el propietario dice que tiene más el precio es X, el bien piensa cliente va a comprar para que otro día, y al día siguiente la empresa put, mermeladas de camarón por precio y, listos para la venta azar es muy fuerte, porque está con su cliente sobre cuál es, y puede vender más productos a la misma.

Sin embargo, es importante tener una buena tarjeta para promover sus productos a Sortweb Estudio desarrolla imágenes por WhatsApp para compartir cualquiera que sea su servicio.

Si desea una tarjeta profesional puede ponerse en contacto con nosotros, es fácil y rápido, haga clic en el enlace de abajo y se le enviará a nuestro Whatsapp.

Haga clic a continuación

https://wa.me/5551996770670

#projeto366#post28de366#criaçãodesite#sortweb#agenciacompleta#grafica#marketing

digital#estategia5x#clientesnovos#comoconseguirclientes#projeto366sortweb#cardde facebook#cartãovirtual#cartãodewhats#storyanimado#impulsos#instagram#anuncion ofacebook#anuncionoinstagram#anuncionogoogle

# 29 - Presupuesto velocidad -

¿Cuántas veces te pasaste un presupuesto y se tomó días para entregar? si eso no es su problema ya está mucho mejor que el promedio, un error común en la venta es cuando el cliente pide algo que la compañía toma demasiado tiempo para ir a través de confiar en un tercero, recientemente, tenemos que reformar nuestra empresa con muchas ventanas y tratar hacer el presupuesto en varias empresas, algunos hoy en día ni siquiera respondió en WhatsApp, algún tipo de error dio página web, ahora imagínese cuánto dinero se pierde si el canal no está alineado para entregar un presupuesto simple, ver, analizar lo hace mucho su presupuesto, lo dejaron listo, y ver cuáles son las variables, ya que hay productos o servicios que no tienen tanta variación y sigue siendo la persona que toma entregar.

Si quieres una campaña profesional puede ponerse en contacto con nosotros, es fácil y rápido, haga clic en el enlace de abajo y se le enviará a nuestro Whatsapp.

Haga clic a continuación

https://wa.me/5551996770670

#projeto366#post29de366#criaçãodesite#sortweb#agenciacompleta#grafica#marketing

digital#estategia5x#clientesnovos#comoconseguirclientes#projeto366sortweb#carddefacebook#cartãovirtual#cartãodewhats#storyanimado#impulsos#instagram#anunciofacebook#anuncionoinstagram#anuncionogoogle

# 30 - Tarjeta virtual -

Bueno, esto es una tarjeta en formato PDF, que va en aumento en muchos sectores, es un tipo de tarjeta, donde tendrá todas sus redes sociales, con sus enlaces, tal vez incluso un poco de su servicio, lo importante es que no es demasiado pesado porque el Internet a pesar de haber mejorado en los últimos años, aún está lejos de ser rápido cuando se trata de 3G, 4G o.

El Sortweb desarrolla este tipo de imagen, con los enlaces necesarios, si quieres una tarjeta es fácil y rápido, haga clic en el enlace de abajo y se le enviará a nuestro Whatsapp.

Haga clic a continuación

https://wa.me/5551996770670

#projeto366#post30de366#criaçãodesite#sortweb#agenciacompleta#grafica#marketin
g
digital#estategia5x#clientesnovos#comoconseguirclientes#projeto366sortweb#cardde
facebook#cartãovirtual#cartãodewhats#storyanimado#impulsos#instagram#anuncion
ofacebook#anuncionoinstagram#anuncionogoogle

# 31 - Presupuesto virtual -

Cada día más personas se comunican más por Whatsapp, telegrama y que no sea un mensaje, entonces la manera de afectar a su cliente está enviando una cotización en línea en formato PDF, un formato que se puede abrir en cualquier célula, y todavía pueden tener la opción de colores para mostrar su mejor servicio.

Imagínese el envío de una propuesta de colores, con detalles de las técnicas utilizadas, mientras que su competidor envía una propuesta sólo escrito la descripción y el precio, es casi obvio que su propuesta está mostrando más valor porque el cliente se da cuenta de que usted tiene cuidado además de la organización que también se percibe inconscientemente por el cliente.

Si desea un presupuesto virtual completo, donde usted será capaz de editar las fotos y el precio del servicio de contactos es fácil y rápido, simplemente haga clic en el enlace de abajo y se le enviará a nuestro Whatsapp.

Haga clic a continuación

https://wa.me/5551996770670

#projeto366#post31de366#criaçãodesite#sortweb#agenciacompleta#grafica#marketing digital#estategia5x#clientesnovos#comoconseguirclientes#projeto366sortweb#cardde facebook#cartãovirtual#cartãodewhats#storyanimado#impulsos#instagram#anuncionofacebook#anuncionoinstagram#anuncionogoogle

1 - Febrero historia

Si usted ha recibido este perfil sin entender lo que está pasando, no se preocupe, estamos en un proyecto único y pionero en 2020 llamado Proyecto 366, que a través de las experiencias de siete años se van a contar, las ideas, los servicios durante todo el año, usted errores puede hacer hoy en día en su negocio, poner en su favorito y disfrutar de la serie es libre, y este mes de febrero, será el Storys.

Historias que ocurren todos los días de negocios que despegan y negocios que no despegan, mañana comienzan con la historia de las sandías vendedor, sin duda, es inspirar y no cometer los mismos errores.

Hasta mañana, si quieres más se puede ver en los primeros 31 días del proyecto, que están disponibles en los principales canales de Sortweb estudio.

2 - sandías vendedor

Era una tarde de sol intenso, yacía en una hamaca y escuchar un sonido, algo que no podía identificar lo que era, el sonido seguía siendo mucho más repetitivo como una grabación, fue entonces que comenzó el sonido cada vez más fuerte , y sin embargo era imposible entender lo que estaba diciendo en la grabación, llegué a pensar que era la ambulancia, hasta que pude oír el ruido de un camión que pasaba por mi casa, el sonido no era una grabación, ya veces oí: "ia ia ia", otras veces me escucharon "lada cia", así fue que pensé bueno para ser copia del frío, y cuando llegó delante tuve que salir a la calle, y vi a un hombre gritando en voz alta su promoción antes para decirle lo que estaba vendiendo, te hago una reflexión, sabe la gente lo que está vendiendo,le Tampoco allí gritando en voz alta su servicio, pero con los medios equivocados, canal equivocado, y por qué no la agencia equivocada.

servicio de agencias de marketing digital es mostrar al cliente las debilidades y fortalezas de la divulgación, cuando se contrata a un estudio Sortweb por ejemplo, hemos pensado en todo, en cada detalle, cada herramienta que puede utilizar para vender aún más, pensar en ello, por lo que es obvio para usted puede no estar claro a su cliente.

Volviendo a nuestra historia, recuerda que dijo que era muy caliente, sucede que la parte superior del altavoz de un camión refrigerado era muy malo y justo al lado era imposible entender lo que el vendedor venta, así que paré el camión y le pidió a los jóvenes lo que están vendiendo, y dijo en un tono humilde, estoy vendiendo sandía enfriada, la mayor hasta el momento no pudo vender ninguna, se ve que invirtió en una idea innovadora, un camión, y el tiempo para comprar un equipo de sonido, decidió guardar el producto puede ser el mejor en el mundo, más si usted no sabe cómo el mercado no tiene que vender.

La mayoría de las personas no entendían lo que estaba vendiendo más para poner fin Domingo compró dos sandías y también dijo que sólo el cambio del altavoz ya estaba multiplican mucho para nuestra sorpresa, la semana siguiente se fue y dejó a más de 10 sandías, y con orgullo nos mostró sistema de sonido del nuevo camión.

redes de proveedores - 3 -

En uno de esos veranos cuando era niño estaba en la playa de Santa Catarina con mi padre hasta que se aproximan a las redes de los proveedores, que tenía un lenguaje cearense hablaba muy rápido y poco podía entender hasta que pidió a mi padre lo que la red que le gustaba, y obviamente no quería una red, fue querer bañarse en el mar, disfrutar del sol, más que mi padre terminó la elección de una de estas redes, y luego le preguntó cómo mi padre pagaría por esa red, la búsqueda inteligente mi padre le preguntó el precio de la red, y el vendedor dijo que los costos de esa red $ 100.00 fue entonces que mi padre pensó que voy a ofrecer la mitad porque no quiero comprar nada, entonces lo que se dijo "no más de R $ 50,00 dar , pensando que se desharía del vendedor, fue entonces que el vendedor dijo, mira que no sé su nombre,más quería hacerle una pregunta simple y sólo deseo que el señor, la respuesta sin ofender, desconcertado mi padre dijo que estaba bien, ahora antes de decirle cómo se las arregló para vender una red de R $ 30,00 reales por US $ 50, 00, creo que a través de su servicio, y veamos cómo utilizar este disparador mental de la reversión.

Entonces el vendedor le preguntó al Señor es el hombre? mi padre ya bastante intrigado por supuesto que soy. Pues bien, si que vales hombre un hombre de verdad es la palabra, la red es suya para R $ 50,00, mi padre se vio obligado a comprar un producto que no quería, porque el ego masculino se ha dado en el blanco entonces mi papá dijo, mira yo honraré mi palabra sí, pero que pagaría el doble por la venta de la escuela.

Mañana vamos a contar la historia del sitio de $ 1 millón, suscribirse a nuestro canal y estancia en nuestra serie libre de 366 mensajes.

La pregunta que es lo que tiene una estrategia de ventas, ofertas de venta adicional de entrada y famosa, tranquila seguir nuestros mensajes y vamos a explicar estos términos técnicos, más si quieres una estrategia de ventas para su negocio a Sortweb tiene 5x estrategia si desee contratar.

# 35 - Tiempo de visualización

Si no lo hace mal leída, y ya se puede ganar tiempo para comprar un producto en el mercado, pero antes de hablar como usted puede conseguir tiempo, ya imaginaste tener más tiempo con su familia, con sus amigos, o usar el tiempo para ir de compras y comprar algo para ti, porque ahora tendrá la oportunidad única de conocer la agencia pionera en la venta de tiempo en el Internet.

Sí se puede tener un día más de 24 horas, para uso y abuso, pero ahora debe ser curioso (a) buena primera que decir para aquellos que no pueden comprar este producto:

Las personas negativas, empresarios que no quieren invertir, las personas que no tienen un negocio, listo ahora que nos alejamos de la curiosidad se puede ganar tiempo haciendo clic directamente en el enlace de abajo, será dirigido a nuestros cuál es, y vamos a vender a usted exactamente 15 años de su la vida más ....

Haga clic a continuación

https://wa.me/5551996770670

Bueno ... hace 15 años que estableció la estrategia de marketing en Internet, y sabemos lo que funciona y lo que no, así que en vez de perder el tiempo vamos a vender este tiempo y todavía no tendrá que gastar millones para averiguar cómo vender más en su negocio, puede estar seguro de que no vamos a vender cursos sólo le dará la campaña adecuado para su nicho.

Sortweb tiene estrategia de 5x, si desea contratar. puede contactar con nosotros, es fácil y rápido, simplemente haga clic en el enlace de abajo y se le enviará a nuestro Whatsapp.

Haga clic a continuación

https://wa.me/5551996770670

#projeto366#post35de366#criaçãodesite#sortweb#agenciacompleta#grafica#marketing digital#estategia5x#clientesnovos#comoconseguirclientes#projeto366sortweb#cardde facebook#cartãovirtual#cartãodewhats#storyanimado#impulsos#instagram#anuncion ofacebook#anuncionoinstagram#anuncionogoogle#aumentar las ventas#venta#empreendedorismofeminino#meunegocio#Río Grande del Sur#playa#objetivos#mktdigital

# 36 - Sitio 1 millón -

En una de las reuniones millones que tuvimos, nos encontramos en un punto muerto en el momento de enviar un presupuesto cuando el cliente tiene una laguna diciendo que un sitio de 1.000 reales era super caro si tenía ventas cero, más si un sitio costaría un millón y que vendió 10 millones entonces el sitio estaba libre en ese momento, entendiendo que lo que importa es el resultado que damos a nuestros clientes, se puede adivinar cuánto cuesta el sitio, obviamente, no vamos a decir los números, más nos damos un consejo, podemos decir vendió en tres meses más de 10 millones de dólares, con máquinas expendedoras, y esto era sólo un caso que tenía los números altos.

Si quieres un sitio web profesional, centrado en su producto y preparado para la comercialización en curso, con cada detalle a medida y pensó para su negocio, entonces es muy simple que puede ponerse en contacto con nosotros, es fácil y rápido, simplemente haga clic en el enlace de abajo y se le enviará a nuestro Whatsapp.

Haga clic a continuación

https://wa.me/5551996770670

#projeto366#post36de366#criaçãodesite#sortweb#agenciacompleta#grafica#marketing

digital#estategia5x#clientesnovos#comoconseguirclientes#projeto366sortweb#cardde facebook#cartãovirtual#cartãodewhats#storyanimado#impulsos#instagram#anuncion ofacebook#anuncionoinstagram#anunciono google#aumentar las ventas#venta#empreendedorismofeminino#meunegocio#Río Grande del Sur#playa#objetivos#mktdigital#publicidad#empresa

# 37 - Dios en el aeropuerto:

¿Qué día fue esto, se embarca para Sao Paulo, tomar un café y miró a un hombre sentado en una silla, no podía oír lo que decía, cuanto más se acercaba a mucha gente, y todo parecía casi de inmediato, foto una persona que está siendo ignorada casi por instinto, que fue cuando se acercó a una chica segundos antes siquiera mirarlo, así lo hizo decirlo:

- Señor por casualidad usted no me paga un aperitivo.

El bar estaba al lado de la silla donde estaba sentado, por lo que éste era el que le llevó a la cafetería y decir lo que te gusta? Todavía estás avergonzado y tímido, él eligió un salado, la chica que había ignorado no sabe qué hacer porque yo también estaba comiendo allí, se añadió entonces todavía quieres un refresco, por lo que eligió, y le dije, porque en el aeropuerto, dijo mi vuelo fue cancelado, y no tenía más dinero para nada, así que estaba aquí esperando que alguien me ayude, así que le pregunté cuántos días más la situación podría ir, y que comer con voz entrecortada dijo en un máximo de dos días puedo volver a ver a mis hijas.

En ese día la mayor lección que aprendí no fue ignorar a la gente, que podría haber conseguido enfermo después de tanto tiempo sin comer, y sus hijas no lo volvería a ver después de todo estaban en una ciudad diferente, la pregunta que te pido es que no lo hacen está haciendo caso omiso de sus clientes, está haciendo todo lo que puede hacer el servicio, a menudo a través y transmitir por situaciones como estas, donde podemos tomar una acción simple que puede cambiar todo el universo a su alrededor y simplemente ignorar estas oportunidades que Dios nos da demostrar lo mucho que nuestro corazón es grande.

Si quieres saber qué hacer para no hacer caso omiso de sus clientes y tener un cuidado especial más de entonces en contacto con el Sortweb.


# 38 - Negociación de carga -

Mi padre siempre fue un hombre de negocios, y tenía una escuela en la que no tenía espera ingresos, se decidió entonces que debería cerrarse, más como sabemos ciudades de cambio de carga es muy caro, más aún hoy con el precio del combustible, más como siempre tenía una estrategia, y casualmente ese día sólo tenía $ 200.00 que debe ser la curiosidad de saber cómo se negoció un avance de $ 500.00 por doscientos, tratamos muchos camiones de ese día, ya era el atardecer y aún así tuvimos que poner todo el cambio en el camión fue entonces cuando decidió venir con su estrategia y mejor que describir el hecho se habla exactamente como el diálogo.

- Hola señor cuando cuesta tomar un asiento a Porto Alegre? cree tenido más de 300 sillas y mesas y mesas, la mayoría todavía permaneció seguro, entonces se hablaba bien esta vez es mucho más complicado que hago para R $ 500.00. Fue entonces que mi padre cambió un poco la voz nuestra no están locos, su competidor es no dijo por R $ 300.00 son algunas sillas, y estamos entre cuatro personas para ayudar. Entonces pensó pensado, y mientras yo estaba pensando en mi padre dijo que vamos a hacer esto te doy US $ 250.00.

- No, no por 250.00 no le gusta. Recordando que sólo estábamos R de $ 200.00. Luego gritó y se utiliza una estrategia de ventas ampliamente utilizado, que es la sobrecarga de información, y la conversación final tuvo lugar también.

- Bueno para nosotros no convertimos el tiempo en perder, vamos a cerrar por lo que es bueno para usted y que es bueno para mí, te doy R $ 200.00 y transportar Guris, vamos a personal vamos a agarrar las sillas, se abrirá allí el camión para ellos para poner las sillas, y que parecía medio reflexivo, al ver que había oído bien, este último se dijo muchas rápido, llegar a su destino después de descargar el muchacho dijo bueno entonces y R de $ 300.00.

- Mire usted debe ser confundido con su hijo es un testigo, le dije que pagaría $ 200 a permanecer bueno para ti y para mí. Así que ya ves que no podía llevar las cosas de nuevo al valor aceptado camión.

Lógica que hoy en día un país donde la gente lucha por tan poco no sería posible negociar, por lo que lo ideal es que todo el servicio combinado está escrito en alguna forma, por correo electrónico, WhatsApp, ya que esto pero mantener la transparencia con su cliente también sirve como seguridad para usted. En Sortweb creamos los presupuestos realizados para su visualización en móvil, como en el ordenador y en varios formatos, puede ser sólo una imagen, o puede ser un correo electrónico completa de los disparadores mentales para la venta que se hizo. Si desea un presupuesto profesional, basta con hacer clic.

# 39 - Campaña de suicidio -

En este último Viernes Negro consiguió un cliente desesperado por hacer las ventas, y dijo que invertiría 10 mil reales en tres días en Internet, para aprovechar el Viernes Negro. Totalmente desprevenido y sin estrategia, en aceptar la campaña, y ha creado la mejor que tenemos con respecto al diseño, generación y entradas, y la campaña era aún un cierto éxito, la mayor parte de las ventas que podrían haber sido casi 8 veces mayor si había utilizado esta estrategia de presupuesto, a veces no está bombardeando internet con anuncios que su producto va a vender, debido a que su cliente puede no estar listo para comprar en ese momento, así que lo que recomendamos es siempre la coherencia.

La consistencia se dispara la mejor estrategia, lo que aparentas para un solo día, un ejemplo que me gusta usar son periódicos viejos, porque hoy nadie mirando publicidad en los periódicos? la respuesta es simple, circula un periódico sólo un día y el otro se tira a la basura, mientras que Internet se puede elegir el momento en que su anuncio será servida, la ciudad en la que aparecerá, además de los cientos de opciones de orientación ajustes que tenemos.

Si usted quiere vender una gran cantidad de la manera correcta, primero debe Sortweb para crear una campaña constante para optimizar su presupuesto para los mejores tiempos, y al público que está dispuesto a comprar su producto o su servicio.

# 40 - visionario de la CV -

Cuando decimos que nuestra Agencia es el más visionario en este mercado me gusta decir que en 15 años, tenía muchas ideas que transformó el mercado digital, y uno de ellos fue el famoso Curriculum Vitae. Hay por lo menos hace aproximadamente 4 años ya estaba señalando que muchas personas envían hojas de vida a los correos electrónicos y ni siquiera se les llama para decir que no, se conoce poco acerca de los puestos ocupados, entonces que me di cuenta de que las empresas estaban contratando tenían poco tiempo para evaluar si un candidato era bueno o no, fue entonces que hemos creado un vídeo en Internet para las personas que estaban en paro debe hacer vídeos de presentación, porque entonces sería mucho más fácil evaluar un trabajo en la empresa, debido a que la compañía podría ver mucho más rápido perfil y ya identificar si era lo que la empresa buscaba.

Pasado unos años y llegó un informe relativo a este tema, que ya había advertido, no hay necesidad de decir que fue un éxito y que hoy en día muchas personas envían a sus hojas de vida a través de un enlace en youtube, estas personas también aumentar sus posibilidades de ser contratado porque las empresas quieren flexibilidad.

¿Su empresa es ser visionario o simplemente imitando lo que hace el competidor? Si desea crear piezas de marketing que realmente traen éxito, es necesario conocer las campañas que creamos para nuestros clientes. Para contratar Sortweb.

# 41 - Power Whatsapp II -

Tienen unos días para hablar de WhatsApp, y algunos de nuestros clientes han llegado a enviar el mensaje, diciendo que el anuncio parece ser un medio obvio, la mayoría cree que la gran mayoría de las empresas todavía utilizan WhatsApp normal, y tienen una opción para las empresas donde se gana tiempo para responder a sus presupuestos, organizar sus contactos, y puede crear promociones instantáneas, estos mismos clientes previamente no utilizaron esta característica, que se encuentra en libertad, tal vez pronto puede aparecer anuncios o se le paga, además del hecho es que se puede utilizar una plataforma rica y centrado diseñado para empresas, y dejar respuestas automáticas porque cree que su cliente o casi nadie le gusta enviar un mensaje y no ser contestada de forma casi automática,por lo que la entrada de hoy es para que usted pueda aventurarse en este aplicada Whatsapp para las empresas, y por supuesto crear tarjetas que aparecen en su historia relacionada con su trabajo, también es importante tener en cuenta dejar que WhatsApp su negocio a la empresa y su personal por su amigos, muchas ventas se pierden a veces por mensajes personales.

Si desea que un profesional imaginar para publicar en sus storys o un presupuesto para ser enviado a su cliente en WhatsApp primero debe Sortweb.

# 42 - Ghost Academy -

Empecé el año diciendo a mi equipo que este año sería de fitness y fui a un gimnasio cerca de la Agencia, a continuación, encontré algunas opciones y acabé inscribirse en la academia fantasma.

Debe ser curioso saber si pesinhos no se mueven, o la cinta de correr sólo tiene que conectar sin que nadie lo empuje nada bueno, de hecho, el hecho es que no tiene casi ninguna estudiantes, llegué a pensar que era la época del año, así que es mejor hablar con el responsable me di cuenta de que aun hace una campaña de marketing básico, sólo tiene un perfil en Facebook obsoleta, y lo peor que él es el entrenador, asistente, entrenador, nutricionista es finalmente academia hombre uno.

Obviamente que para crecer se necesita gente, y que este paso es muy importante, especialmente en el sector de la salud, a continuación, ha señalado algunas cosas a él, que ignora por completo los estudiantes no ha crecido, al parecer, que está satisfecho con los resultados, o más bien la falta de ellos en marzo vamos a dar algunos consejos gratis para mantener a los estudiantes más centrados cada día en su gimnasio, y creo que es nada en internet, pero es algo a cambio de su gimnasio.

Si no se alojan con sus resultados y está interesado en multiplicar sus ventas que necesita el Sortweb, creamos estrategias con resultados inmediatos, de alquiler es muy rápido y sencillo.

# 43 - El fin de Youtube -

Un día estaba viendo una historia en youtube unos 10 minutos y en ese momento creo que me encontré con unos 5 comercial, no sé exactamente lo que los planes de youtube entrega tan comercial, si la herramienta ya se está dando cuenta de la migración a otras plataformas como la VIMEO, más el hecho es que cuando se coloca esta plataforma comercial dos uno tras otro, ella simplemente se pegó un tiro en el pie, dispuestos a vender más paquetes premium sin publicidad, es decir, la eliminación de un potencial comprador pública, si se pierden este anuncio estancia tranquila vamos a explicar lo que está sucediendo.

La Youtube muestra muchas de vídeo comercial, quién paga estos anuncios quieren resultados, que quieren que la gente compra, sucede que una parte buena de la que ha de poder adquisitivo para mover la economía, está pagando la cuenta premium sin publicidad, es decir, no están viendo el anuncio no, entonces hoy en día tiene que definir muy bien lo que su público objetivo, no tirar el dinero por la ventana con Youtube, el Sortweb y evalúa el perfil de su cliente y el montaje de una estrategia correcta para vender con videos, para alquiler

# 44 - El calor de un cumpleaños

Fue una noche de entrada, que celebramos este cumpleaños con la familia, tuvimos grandes referencias de este bar, que tenía la cerveza, una mesa de billar, además de un entorno de cosecha fina, fue entonces que nos dimos cuenta de que no tenía aire acondicionado, y el día estaba caliente sabes esos días en febrero que terminamos sudando mucho, era ese tipo de días.

Como estamos confraternizando simplemente haciendo caso omiso de las señales venían algunos amigos y empezaron a pedir una cerveza, fue entonces que esta bebida llegó casi caliente, estábamos solos en el bar y aún así el servicio era muy malo, por último pedido a un crujiente, buena falta imaginar cómo alguien puede dejar un mal quebradizo, el hecho es que cualquier cosa que el establecimiento era lo suficientemente bueno para hacer la difusión de lo que todo el tiempo no entró nadie, pasado unos meses más tarde frente a ese bar, y adivina qué, que estaba cerrada, era casi obvio que una barra en la que no tiene ningún diferencial se rompería.

No deje que su negocio sea obsoleta para romper hay muchas opciones para que usted pueda hacer su negocio una empresa magnética a sus clientes, y el primero que guiará la mayoría de las empresas en el futuro es el servicio, la segunda es tener un producto de buena usted no necesita tener muchos más que tienen, para ser bueno que la gente hable, indicar, en definitiva, si usted está vendiendo poco, primero debe Sortweb, puede ser un detalle que a su vez, la clave del éxito.

# 45 - Presión de servicio -

Después de hacer algunas reformas en mi casa, nos fuimos de compras, y pesar matado, por lo que la frase ritmo y tan de moda, lo que voy a decirle aquí futuro cliente, es lo que ocurrió en todas las grandes cadenas de distribución, que se plantean pie en la puerta de la tienda, el vendedor venía hacia mí como si fuera a pegarme, y luego siguió en tonos amenazantes, con una presión absurda para hacer la venta.

Este comportamiento sólo se distancia más clientes, ya menos que el cliente necesita su producto demasiado, no va a comprar, esto es debido a que las tiendas ponen los objetivos de ventas para sus vendedores sin dar una formación adecuada. Los diálogos de los vendedores son gente desesperada, y lo tengan en su vida, como si alguien desesperado? Por eso rechazamos este comportamiento? porque sabemos que él se preocupa poco por que lo único que quiere vender, mientras que a los proveedores de formación podrían tomar esta angustia, vender no va a perder mi trabajo, una buena idea sería dividir las comisiones y no individualizar.

Por lo que los empleados serían un equipo y no un competidor dentro de la empresa, si usted quiere vender dejar que la voluntad de su cliente, el espacio para él, se encontró que esperar para hacer una pregunta, genera una situación de confort es como un proceso de la seducción siempre se imagina que en tu cabeza, en el largo plazo este espacio va a vender más que cualquier cadena de tiendas.

¿Quieres saber más acerca de la estrategia de ventas, contactos de la Sortweb y contratar a un consultor de su negocio, cree que va a ahorrar un montón de dinero, y también comenzará a vender como el agua en su negocio.


# 46 - Esquina de la floricultura -

Uno de nuestros clientes llamados a una reunión para decir que el competidor estaba vendiendo mucho y que casi nada, por eso hemos creado un marco conjunto, campañas, compromiso, y supongo que lo que dijo el cliente "no, no funciona."

Cuando un cliente solicita nuestro consejo y quiere seguir haciendo las mismas cosas que no dan resultados, sólo casi varados sin saber qué decir, porque el cliente sólo quiere una confirmación de que está haciendo las cosas correctas.

Pero adivinen qué, la empresa está al borde de la quiebra, casi no se vende, el punto es excelente, más hoy o la floricultura sitio tiene, ahora te pido que los que están leyendo este mensaje, su competidor vende, entonces usted puede hacer 100 veces o mil veces mejor que él, más que admitir que no sabe todo, tiene que aceptar las innovadoras ideas de marketing en la comercialización de Sortweb respirar todos los días viendo lo que funciona y lo que no funciona, que ahorran tiempo no tienen que ser las pruebas en las campañas que no producen resultados.

# 47 - Baja Presión -

Cuando escribimos estos mensajes a veces parece repetitivo, más el hecho es que muchos empresarios sistemáticamente err en el mismo punto, mi esposa se despertó por la mañana con un montón de cólicos, de tal manera que los gritos de la mujer, grito, y casi ningún medicamento para reducir estas contracciones, a continuación, fue a la sala de emergencias, y creen su condición era cercana a la muerte, al ver esa escena, me desesperó y cree que el encargado dijo que tenía que ir a través de la detección.

La presión era de 8 x 6 al final de esta historia que voy a contar lo que le pasó a ella, cuanto más aprendemos de esto es que la gente está robotizado, no están preparados para algo diferente que podría suceder, que sólo saben cómo hacer de una manera, entonces la persona ni siquiera ver que el estado era crítico todavía quería transmitir un cribado para tomar la presión, buena mi esposa ese día terminamos yendo directamente después de mucha discusión dentro de la sala de emergencias, en la actualidad se encuentra bien y se quedó sin secuelas, más y su empresa también tiene procesos robóticos que no se pueden modificar si sucede algo diferente, ¿por qué no evaluar si usted tiene un servicio que se puede adaptar a muchos más clientes, después de todo, el Internet es sólo la punta del iceberg, ya sea satisfacer las capas más altas, entonces primero debe Sortweb.

No sé en qué estado de Brasil que está leyendo este texto, más quid es un pan con guisantes, maíz, carne, queso y otros ingredientes tales como tocino o el huevo, el hecho es que cuando llegamos a la cafetería tenía dos mesas ocupadas y nuestra, rápidamente una X de pepperoni mis favoritos (risas), así que podríamos terminar la historia aquí, decir que podríamos tener en casa se ha ido, dormir, ver una película, y volver todavía no estaría listo el quid, ahora nos evaluar algunas de este retraso.

Todavía no se sabe cuál es su servicio, pero cuando vamos a una cadena de comida rápida, es porque somos generalmente hambre, por lo que el tiempo de preparación tiene que ser lo más pronto posible, ahora piensa que la oportunidad de regresar en ese bar? muchos propietarios de negocios pierden clientes cada día por los pequeños detalles, ahora lo creas o no el quid tomó aproximadamente 1 hora y 15 minutos, y cuando pedimos un refresco apenas tuvo opciones frías, y no en su empresa que el tiempo medio de espera, escribir en los comentarios de su servicio y el tiempo que es posible tener su producto o servicio.

En el día me encontré con esta pizza dije "qué magia de pizza", y el día del pensamiento y de la noche, ya que podría conseguir ese precio, descubrí y voy a revelar a usted al final de este post, así que antes de que yo quiero que piensen sobre esto que saber exactamente el cálculo de la los costos de su servicio, el costo de la luz y el agua, por ejemplo, el costo de un gusto a su cliente como un café cuando hemos creado un producto que se vende es la necesidad de calcular los impuestos a un simple vaso de agua si no lo hace saben que estos costos son las posibilidades de que su negocio nunca va a despegar, más si se pone la punta del lápiz o desde su teléfono móvil, a aumentar las posibilidades de éxito también. Y no se preocupe tanto de su competidor en esta primera etapa es más importante crear un buen producto, no mire tanto el precio, porque tenemos que pagar más por un mejor servicio.

Así el secreto del costo de la pizza era la cantidad en cada pizza la compañía ganó cerca de 10 centavos, y además tenía una optimización de las máquinas y el personal capaces de producir miles de pizza al día, por lo que era casi imposible de superar ese precio si el competidor no crea una fábrica de pizza.

¿Quieres saber cómo calcular su servicio en la forma correcta, primero debe Sortweb.

En esta historia vamos a hablar de escasez, es un disparador mental, ampliamente utilizado en las tiendas, y si se utiliza de la manera correcta puede trabajar, que llegó a nuestros clientes diciendo que había recuperado en cualquier momento, que tenía un equipo de la parte superior y que su trabajo era increíble la animación de la pista, pero que los presupuestos apenas existía, era entonces se crea una campaña en YouTube, sus dando consejos para bodas, cumpleaños y graduaciones. Después de estos videos la gente empezó a verlo como una autoridad y comenzaron a solicitar ofertas y más presupuestos, por lo que éste era el que le dijo que crear una escasez, así fue que en lugar de jugar cada fin de semana, que se iba a jugar en un evento en meses más por un precio muy alto, con el tiempo ha aumentado el precio, y jugó más veces durante el mes, más gente quería también, los videos,

Si desea aplicar la escasez en su negocio, póngase en contacto con el Sortweb que estableció una estrategia correcta para usted, donde sus precios subirán y que trabajarán menos.

# 51 - Escuela del Futuro -

Mi padre era, sin duda, una de las mayoría de las personas con visión de futuro que he conocido, tal vez esto que me inspiran todos los días para crear nuevos procesar ventas para nuestros clientes, y hace casi 10 años, dijo, "mi hijo monta una escuela para el sitio pro su padre, este será el futuro ", el Internet todavía en su infancia, la banda ancha era casi un servicio de lujo, ya que la gente pudiera ver vídeos como consume mucho tiempo, más después de que el viejo tenía razón, la gente casi no tienen más paciencia para permanecer en un aula, colegios cada día más acuden al proceso de enseñanza a distancia, entendieron que casi no tiene competencia, hoy el examen de ingreso es solamente una admisión de evidencia de que todo pase como el espacio cada día son más altos, como la gente quiere procesos más rápidos.

Mi pregunta es ¿cómo es su visión de futuro, ¿cuáles son las medidas que se pueden cambiar para mejorar o cambiar la forma en que sus clientes le ven, si quieres ideas de profesionales que participan todos los días este proceso de evolución con el internet entonces usted necesita contratar a la Sortweb.

En uno de estos puentes aérea internacional fue en Panamá, a la espera de mi conexión, hasta que pensé en tomar un café, por cierto estoy de que amante de la bebida, así que cuando llegamos dispuestos a pagar algo inesperado sucedió que me dejó casi sin palabras, y las miradas que hablan así español, por encima de mi cabeza quedó atrapado con millones de pensamientos como, como un lugar donde tienen los turistas de todo el mundo puede suceder esto, me pregunto cómo serán estas empresas cuando la tecnología aún tomar más parte de nuestras vidas y creer en el futuro la máquina está muy cerca.

¿Se imaginan si termino este post sin usted saber lo que pasó, apuesto a que nos enviaría una relación directa, pero el hecho es que el restaurante sólo acepta el pago en dólares estadounidenses, ahora piensa en cuántas ventas que el café puede perder para aceptar sólo un tipo de pago .

# 53 - Únete a 4 millones de casino de Mónaco -

Fue en Mónaco maravillaron de increíbles coches que parecían salir directamente de una película de Hollywood, todo lo que hay cerca, hasta que decidí abordar el famoso casino de Monte Carlo, la entrada es algo que en realidad se asemeja a un imperio, reyes o algo, es difícil explicar la emoción de este lugar, pero cuando se mueve un poco más, la seguridad se acercó y dijo que no podía estar allí, porque es un club exclusivo, aunque con cierta dificultad en el lenguaje de pedido que sea más claro, entonces me dijo que entrar en el casino tuvo que ser alojado en el hotel o para salir de la simple suma de 4 millones de reales para tomar ventaja de todo el juego.

Creen que el día estaba lleno de personas que accedieron a pagar esa cantidad para vivir todo este glamour de los juegos, y por supuesto, ahora pensando en su negocio, ¿se imaginan tener un valor tan surrealista para las personas desean su servicio tanto que se paga, buena de hecho claro que este valor es sólo un número, más pensar en su negocio, los clientes luchan para usted, el más raro y más especialmente de su servicio, es decir, cuanto mayor sea su valor, por lo que pensar mucho antes de la creación de promociones, ya cuando se utiliza este tipo de marketing que pagó un precio más bajo para usted, usted es poco probable que quieran pagar más.

Mantenga esa frase siempre si estás en el negocio, "que viene por precio, ir a por el precio." Si desea crear valor para su negocio deje Sortweb cuidar de sus redes sociales, con alquiler Super es rápido y fácil.

# 54 - Free Museum -

Viajar en Europa, tuve la oportunidad de visitar varios museos, y cada uno tenía un guía que contó la historia de que eran nos quieren de vuelta en el tiempo, reyes, castillos, héroes en las películas, además de todos museos tenían en común era que su entrada estaba pagó alrededor de 5 euros, independientemente del tiempo que estaría allí, así que cuando volví a Brasil, decidí aprender más de nuestras historias en nuestros museos y creo que hay muy pocos museos pagados aquí en Porto Alegre, me atrevo a decir que debe haber uno o dos, y el aporte espontáneo de información es casi nula.

Lo que quiero decir es que nuestras historias son tan sorprendentes como las de Europa, y que podrían ser acusados de fácil entrada para ver objetos que están allí, que es entender lo que su producto, lo mucho que vale la pena, y se puede cargar increíblemente aumentará sus ventas también están añadiendo valor a sus servicios.

¿Quieres saber cómo convertir su producto en un objeto de deseo, entonces debe primero Sortweb en este momento, es fácil.

# 55 - Iglesia sin vela -

En otras partes de Europa, fue una de esas iglesias brillantes en Toledo en España, cuando me encontré con un panel LED velas, y le pidió al Padre, porque él tenía dicho equipo dentro de la iglesia, y él me dijo que hace mucho tiempo tenía una iglesia que se incendió debido a un espacio reservado para las velas, entonces la solución se cargó 1 euro por llevada de la vela, no sé exactamente cuánto tiempo se encendió la vela, la leyenda dice que es incluso se respondió a su oración, pensé grande, creo que todavía se enciende la fiebre en Brasil, ahora te pido en su negocio es algo que la gente puede gastar un poco más, como una cafetera sencilla, por ejemplo.

Hoy en día hay una serie de ideas que nos ayudan a proporcionar una mejor experiencia para sus clientes, e incluso más valor a su marca si quieres una agencia que está siempre atento al mercado digital, y el mundo de las tecnologías tienen, entonces usted debe contratar a la Sortweb es muy rápido y sencillo.

Muchas personas tienen una cierta incomodidad con el Carnaval, uno en cuenta el ritmo, otros en cuenta tanto las personas que proporcionan evento, más para el empresario cada evento puede ser una oportunidad de negocio, una de esas veces que decidieron marchar en una escuela samba Porto Alegre, se excitó bastante, y listo con la fantasía, un poco antes de entrar en la avenida de los flotadores dejado de funcionar las luces, y toda la escuela se volvió como un verdadero equipo tiene que ser para hacer las luces al brillo, así que después de muchos ajustes que acaba de entrar a la avenida, y creer en el desfile que dura aproximadamente una hora parece que fue en 10 minutos, el sentimiento de pertenencia a una comunidad, a querer ganar para estar dentro de un equipo es sensacional,esa sensación y el deseo de ser el próximo año es la sensación de que su equipo de ventas debe tener, para acoplarse con los objetivos de vida, acortando un poco de las metas de dinero, que tiene mucho más equipo unido, ese año fue la escuela en cuarto lugar, cuanto más la posición era lo que importaba menos, la verdad era importante saber que hicimos el mejor trabajo puede dar.

Si desea crear un equipo motivado, necesita saber lo que los motiva, primero debe consultar la Sortweb, y su equipo será otro, por lo tanto sus ventas irán a otro nivel, a hablar con nosotros es sencillo y rápido.

El pago de un consultor a uno de los bares de la ciudad, el propietario quería saber por qué su competidor por la calle se vende también, el bar estaba siempre lleno y siempre vuela, así que fuimos a la propiedad para crear un informe de todo lo que estaba mal, empezamos con el menú del precio de la cerveza era surrealista, y es caliente, y luego nos sorprendió con una pantalla de pasar una película, ahora usted imaginar en un bar en el que es tener un contacto más humano estará viendo una película, nos encontramos con muchos errores a estábamos casi lógica, más el dueño sabía casi rompió el pensamiento de que su nicho de mercado, ahora te pido en su negocio que usted está vendiendo espectacularmente, ya que cada día las personas buscan su servicio en las diversas herramientas de Internet,si no eres una buena puntuación en este sentido a continuación, póngase en contacto con el consultor Sortweb, nuestro equipo está listo para conocerlo es súper rápido ...

Uno de nuestros clientes acaban de graduarse, y vinieron a querer innovar en su área de psicología, después de algunas reuniones, ella dijo que le encantaba viajar. Fue entonces que la idea de que llevar la psicología con el mundo, se encuentran en cualquier país, una idea brillante desde un punto de vista personal, pero que necesitaba para poner en su sitio web las herramientas adecuadas para este tipo de atención, ahora la evolución de Internet en en todo el mundo ha aumentado sus precios de los servicios, y también vende algunos productos en su sitio como camisetas, gorras y otros regalos.

Y que está preparado para ir a la aventura por lo que, obviamente, que podría ser algo más tranquilo, más cada cliente tiene un sueño y nuestro trabajo es llevar a cabo, los objetivos y las estrategias establecidas para ver su negocio despegue aún más. ¿Dejarías que tu apretada agenda, por lo que primero debe Sortweb.

# 59 - Desafío del viento y el sol -

Una de las mejores historias que he oído, el sol y el viento, hizo un concurso para que pudiera tomar una de una capa de viaje, el viento soplaba con furia sobre él, pero el viajero se apretó aún más el abrigo, puso el sol brillaba en él más cálido más caliente, y el viajero se quitó la chaqueta, es decir, la dulzura, la bondad, la persuasión victoria, donde el corte del suministro eléctrico.

A veces se acaba de poner su servicio con precios y que esto es suficiente sin generar compromiso en absoluto, y ahora lo que necesita para crear una perspectiva diferente de su cliente, mostrar el servicio es aún más importante para conectar con su público objetivo es aún más relevante, quieren una campaña profesional en Instagram o en Google, a continuación, ponerse en contacto con el Sortweb.

# 60 - Parto de la Agencia -

Este día no sale de mi memoria, fue el día más increíble aquí en la Agencia, estábamos en una reunión con una empresa colombiana cuando empezamos a oír gritos y más gritos de la recepción, así que cada uno parecía avergonzado, y decidimos hacer una pausa en la reunión, cuando llegamos a la recepción tenía una mujer pidiendo ayuda a gritos, gritos dicho salvar a su hijo, a continuación, en ese momento la recepcionista llamado de emergencia, la conexión tiene ocupado, por lo que la idea de llamar a los bomberos, pero creo que también tienen una una cierta comprensión de las entregas, fue entonces que el departamento de bomberos dio las instrucciones telefónicas, dijo para calentar una de agua, y en ese momento pensó para calentar el café para ser más rápido, la mujer grita sonidos logró poner las tijeras en agua caliente ,y con la ayuda de un cliente que estaba en la reunión logrado alcanzar la entrega de un hermoso bebé, la madre lloraba de emoción y va maravillosamente bien, el bebé será sin duda el trabajo en el marketing digital.

¿Te ha gustado esta historia, desde luego agitada muchos sentimientos al leer esta historia, creo que pudimos haber imaginado a sí mismo en esta situación, se observa a medida que se involucra al activar los disparadores mentales cierta, y la historia de su empresa como usted le dice mientras mantiene atención de la gente, buena aquí en Sortweb que tendrá suerte si nos ocupamos de sus redes sociales, ya que son 15 años de respiración de marketing digital, contacto ahora.

# 61 - Tecnología de China -

Llegamos a pensar en cambiar el día de este post, a causa de los recientes acontecimientos en China, pero es importante que todos los empresarios a saber que hay una situación que están fuera de nuestro control, por lo que tenemos que concentrarnos y poner en foco todo lo que podemos controlar.

China hoy en día es prácticamente un icono de la tecnología del mundo, de alguna manera los chinos han logrado crear tecnologías históricos para el país y construir una potencia mundial, y más allá de los robots que son la realidad en muchos establecimientos, China es cada día más la inversión en la seguridad en aplicaciones, después de todo lo que hay ahora más código QR pago (la famosa plaza pequeña que ignoramos en Brasil) de la moneda en sí en el papel, es importante entender que el futuro está muy cerca y que en pocos años nos van a pagar la cuenta se acerca el producto móvil .

Su empresa puede utilizar algunas de las características que se encuentran en China, para contratar y crear a medida Sortweb QRCodes para su negocio es sencillo y rápido.

# 62 - HI SUMIDA

Hola Sumida como todo buen brasileño debe saber que el año comienza hoy en Brasil, es sorprendente el número de personas que regresan de las playas, sentimos la presencia en todas las partes de Brasil, queremos poner al día a todos, mientras estaba de vacaciones.

El Sortweb creó un proyecto de 366 a ayudar a las personas que tienen negocios a entender un poco de marketing digital, también hemos creado una estrategia de ventas de gran alcance llamada 5x, estamos creando cada día más campañas que el rendimiento tanto para nuestros clientes, por lo que si quieren Sortweb se hace cargo de sus redes sociales, campañas de creación, banners para su segmento, aplicando factores desencadenantes mentales para aumentar sus presupuestos o incluso llenar su programación. Para alquiler es super simple ...

# 63 - moda Palabra Gratitud -

Sin duda, la palabra más utilizada en los últimos tiempos ha sido "Gratitud", y si todas las personas que sucedieron esa sensación, de hecho, el corazón del fondo tendría un país mucho mejor, pero lo que si cada día más en el que podríamos estar agradecido por la verdad todo lo maravilloso que sucede en nuestras vidas, cada día tenemos 24 horas para transformar la vida de las personas, los que están tomando esta oportunidad de leer este post, creen en el azar, así que esto podría ser la oportunidad de cambiar su negocio a la cima , hacer que su marca aún más increíble, más clientes y campañas abrumador, pero todo esto es posible contratar el Sortweb, es bastante simple.

# # 64 - Demasiadas preguntas -

Otra parte que mata a la venta es el exceso de preguntas, los clientes tienen dificultades para decir lo que quieran, ya que la red de comida rápida con MC Donalds y Burger King venta mucho más que el metro.

Si alguna vez te has preguntado esto, como yo os diré la respuesta, porque las grandes redes se reúnen combos listos para el consumidor tener la única tarea de elegir el sabor, así que ser rápido y fácil, como las opciones de metro están a partir el pan, a continuación, que no está acostumbrado a ir, se pierde a veces se da por vencido, o peor después de tener una mala experiencia, ¿por qué tener una cierta vergüenza si se demora en línea para elegir su pedido, es decir, la red pierde clientes potencial de todos los días, aunque la red con más franquicias, ninguna figura tiene ni siquiera entre los tres primeros de mayor venta en todo el mundo.

es decir, mucho listo y fácil de entender paquetes para su cliente, opciones claras y simples, y pedir lo menos posible.

Si quieres una agencia que se preocupa por cada detalle de su negocio, entonces primero debe Sortweb haciendo clic en el enlace de más abajo que serán dirigidos a nuestro WhatsApp, el servicio es rápido y sencillo.

Haga clic a continuación

https://wa.me/5551996770670

Si quieres una agencia que se preocupa por cada detalle de su negocio, entonces es fácil, primero debe Sortweb, es rápido en la parte superior de este post puede hacer clic y enviar un mensaje directo a nuestro equipo de ventas, y cambiar el nivel de su negocio cada vez más profesional y así atraer más clientes.

# # Projeto366 post64de366 #burgerking #mcdonalds #subway #fastfood #semperguntas #combo #estrategiadevendas #starbucks

# 65 - Mayor Ropa -

Estábamos en un año en uno de esos eventos en el ayuntamiento, a la espera de la agenda del alcalde se cumplió, después de todo era la máxima autoridad allí en ese lugar, aquí viene el alcalde con un atuendo un tanto simple, sólo una persona que ha asistido a lugares donde el traje era obligatorio el traje, aunque las personas que quieren traer esta sutileza estadounidense a Brasil para llevar ropa más ligeros y más simple, el instinto es que como estamos en trajes o en el caso de las mujeres mayores de ropa sociales, somos más orejas y con mayor asistencia, esto es un hecho.

Sabiendo que nuestro alcalde quería hacer a veces modesto y humilde a la califican de Garner, además de lo que realmente ocurrió, la gente que había el ajeno, casi no hubo tiempo, recordando que era la autoridad, cuando alguien le preguntó acerca de cuándo iniciar el evento, que no podía responder, pierde por completo y se faltó el respeto en todo momento, así que la respuesta se perdió las elecciones por supuesto, porque hoy en día la gente quiere sinceridad, así que si usted es simplemente "bien", la gente te conoce por lo que ahora si tiene un estado a fin de utilizar esto para su ventaja y recordar la ropa que sí mucho cuando nos encontramos con alguien, hay otras cosas corporales también decir, más si no están alineados con su negocio, entonces lo más probable es que hará que menos ventas.

Si quieres una agencia que se preocupa por cada detalle de su negocio, entonces primero debe Sortweb haciendo clic en el enlace de más abajo que serán dirigidos a nuestro WhatsApp, el servicio es rápido y sencillo.

Haga clic a continuación

https://wa.me/5551996770670

Si quieres una agencia que se preocupa por cada detalle de su negocio, entonces es fácil, primero debe Sortweb, es rápido en la parte superior de este post puede hacer clic y enviar un mensaje directo a nuestro equipo de ventas, y cambiar el nivel de su negocio cada vez más profesional y así atraer más clientes.

#prefeito eleições2020 # # # post65de366 projeto366 #campanha #campanhadeanuncios #prefeitura #pegn #atendimento #votos

# 66 - Youtube Pública -

Bien después del bombardeo de anuncios en la plataforma, ya que hay que entender que el público en YouTube cambió un poco, Clase A ya no está allí, y la pequeña clase B, por lo que es importante para entender su negocio y saber exactamente a la que público al que desea vender, por obvio que todavía tenemos la segunda mayor plataforma de búsqueda del mundo para nosotros, pero con un perfil de las personas más humildes, y los niños, entonces usted necesita para calcular así el retorno de la inversión, puede crear campañas incluso para los bienes o servicios que son baratos, con un poco de orientación para su ciudad, sin duda todavía tienen grandes resultados, puede estar seguro de que más hay varias opciones para llegar a su público objetivo, después de todo, el Internet es ilimitado.

Si quieres una agencia que se preocupa por cada detalle de su negocio, entonces primero debe Sortweb haciendo clic en el enlace de más abajo que serán dirigidos a nuestro WhatsApp, el servicio es rápido y sencillo.

Haga clic a continuación

https://wa.me/5551996770670

Si quieres una agencia que se preocupa por cada detalle de su negocio, entonces es fácil, primero debe Sortweb, es rápido en la parte superior de este post puede hacer clic y enviar un mensaje directo a nuestro equipo de ventas, y cambiar el nivel de su negocio cada vez más profesional y así atraer más clientes.

#youtube # # projeto366 post66de366 #publicoalvo #videos #movie #campanhadeyoutube #campanhadevideos #videosquevendem

# 67 - La red de Linkedin -

Estamos evaluando hace unos años los resultados de nuestros clientes con Linkedin, y observamos el crecimiento de esta red todavía en su infancia cuando se trata de volver en las ventas, a pesar de ser una red donde los profesionales buscan reemplazar el mercado de trabajo y puede tener cierto éxito para este fin, cuando hablamos de los anuncios que son simplemente no es viable, y que pueden pensar que los profesionales que desean vender son allí listo para recibir mi oferta. La respuesta es "no", esta red aún tiene que atraer a su sitio web un concepto de ventas, no entrega incluso volver para la inmensa mayoría de los clientes, y creen una u otra opción, o en el chat o en anuncios como banners, en realidad sirve para buscar puestos de trabajo, y por exposición de la marca, la famosa marca,

Si quieres una agencia que se preocupa por cada detalle de su negocio, entonces primero debe Sortweb haciendo clic en el enlace de más abajo que serán dirigidos a nuestro WhatsApp, el servicio es rápido y sencillo.

Haga clic a continuación

https://wa.me/5551996770670

Si quieres una agencia que se preocupa por cada detalle de su negocio, entonces es fácil, primero debe Sortweb, es rápido en la parte superior de este post puede hacer clic y enviar un mensaje directo a nuestro equipo de ventas, y cambiar el nivel de su negocio cada vez más profesional y así atraer más clientes.

#linkedin #profissionais #rededeprofissionais #curriculo #curriculovitae #emprego #desemprego #anunciosnolinkedin #agenciademarketing #sortweb #pegn projeto366 # # post67de366

# 68 - DÍA INTERNACIONAL DE LA MUJER -

¿Qué día de clichés, hoy tenemos que tomar un breve descanso en el 366 del proyecto a las mujeres por motivos de honor, casi obvio que debemos honrar todos los días, después de todo, sólo estamos aquí por ellos, son las personas más guerreros que conocemos, que pueden hacer mil cosas al mismo tiempo que prácticamente sin dormir para salvar las vidas de sus hijos, ya sean madres, esposas, amigas, hermanas, es nuestro agradecimiento por darnos luz, un día más que felices de las mujeres, el día de hoy es siempre el punto de referencia para más calidez y respeto por todas las mujeres.

#diadasmulheres #diainternacionaldamulher #daywoman #anitta #feminismo #mulheresguerreiras #mulherforte #mae #mulher #sortweb #diadamulher

$ 69 - Mejorar una Venta -

Esta palabra ha sido la de millones más razón en ventas cada año, más tranquilo vamos a explicar a usted más si este post es un proyecto 366, sólo se realiza en el mundo para hablar de balcones Marketing, enseñamos a nuestros clientes con consejos y historias de inspiración, ahora vamos a la venta adicional.

Se trata de una venta después de la venta, es decir, después de que su cliente tiene una tarjeta de crédito, ofrecer un producto más, puede ser más caro o más barato, un ejemplo de aumentar las ventas me gusta usarlo en Mc Donalds, a continuación, para elegir su solicitud, se le pide que quieres añadir uno más real para los mayores patatas, buena parte decir que no, cuanto más se tiene ni idea de cómo aumentar las ventas de las personas que dicen que sí, que es que es una técnica que se ha incrementado y también.

Y en su negocio ya sea de servicio o producto, puede ofrecer más a él después de la compra, algunos de nuestros clientes, por ejemplo, poner máquinas de café espresso, y el aumento de los ingresos, y el cliente a cabo agradó aún más por contar con este servicio en la oficina.

Si quieres una agencia que se preocupa por cada detalle de su negocio, entonces primero debe Sortweb haciendo clic en el enlace de más abajo que serán dirigidos a nuestro WhatsApp, el servicio es rápido y sencillo.

Haga clic a continuación

https://wa.me/5551996770670


Si quieres una agencia que se preocupa por cada detalle de su negocio, entonces es fácil, primero debe Sortweb, es rápido en la parte superior de este post puede hacer clic y enviar un mensaje directo a nuestro equipo de ventas, y cambiar el nivel de su negocio cada vez más profesional y así atraer más clientes.

# Post69de366 #upsell #marketingdigital #aumentarasvendas #comoaumentoasvendas #ideiaspraconsultorio # projeto366 #maquinadecafe #mcdonalds #amomuitotudoisso #vendasnospa #spa

$ 70 - venta con Telegrama -

Se esta muy temido por la herramienta política, y por aquellos que tienen algo que ocultar, se está convirtiendo en un monstruo en las ventas, que es como una versión mucho más completa de WhatsApp, es un canal de comunicación para sus clientes potenciales que ofrece todo el camino orgánica, sin pagos, con muchas posibilidades de interacción con el cliente, después de todo, si tuviéramos que describir todas las ventajas de utilizar este canal de comunicación, el texto simplemente se convertiría en un libro.

Pero para resumir que imagine que crea una promoción y el 100% de las personas recibieron esta promoción sin algoritmos locos que sólo sirven para su mensaje de conseguir si se paga más por ella, bien corta, cada día más tiene la gente que instala el telegrama que es una alternativa WhatsApp sólido.

Si quieres una agencia que se preocupa por cada detalle de su negocio, entonces primero debe Sortweb haciendo clic en el enlace de más abajo que serán dirigidos a nuestro WhatsApp, el servicio es rápido y sencillo.

Haga clic a continuación

https://wa.me/5551996770670


Si quieres una agencia que se preocupa por cada detalle de su negocio, entonces es fácil, primero debe Sortweb, es rápido en la parte superior de este post puede hacer clic y enviar un mensaje directo a nuestro equipo de ventas, y cambiar el nivel de su negocio cada vez más profesional y así atraer más clientes.

#telegram #whatsapp #maisvendas projeto366 # # post70de366 #tecnologia #novidade #tecnicasdevendas #novomarketingdigital #vendapararedesociais

$ 71 - Corriendo Spa -

Muchos empresarios planificar sus sueños y muchas veces se equivocan en la apertura de un cliente nuestro quedado casi un año la construcción del spa, que marcha en diversos lugares de Europa y el mundo para llevar las noticias en la rama estética, más pecaron en el momento de la apertura. La construcción se llevó a cabo a mediados de diciembre, la fecha en la que se invita ya que el proyecto estaba muy lleno, así que vamos a la lista de lo perdido No cometas el mismo error cuando se trata de abrir antes de tiempo.

La formación en el equipo, tanto para las ventas y de las diversas características de Spa, buenas redes sociales por no mencionar, una gran cantidad de errores en el próximo post vamos a hablar anticipación, un potente desencadenante mentales para este tipo de inversión, y las acometidas de marcar el comienzo de una mala fecha, todos sabemos que después de la finalización de las clases tanto de la migración de la población a las playas, y las hojas casi ciudad vacía, mientras que si se estimula durante esos dos meses y medio de anticipación precios de apertura del spa podría ir en el techo en la apertura de hoy si no es la apertura de la inauguración, ya no serán los nuevos precios, es decir, será el competidor y quizás promociones, a saber, el spa invertido en equipos, equipo, estructura y hora de guinda del pastel para crear la estrategia adecuada y dar el toque de valor a sus clientes,común izquierda.

Si quieres una agencia que se preocupa por cada detalle de su negocio, entonces primero debe Sortweb haciendo clic en el enlace de más abajo que serán dirigidos a nuestro WhatsApp, el servicio es rápido y sencillo.

Haga clic a continuación

https://wa.me/5551996770670

Si quieres una agencia que se preocupa por cada detalle de su negocio, entonces es fácil, primero debe Sortweb, es rápido en la parte superior de este post puede hacer clic y enviar un mensaje directo a nuestro equipo de ventas, y cambiar el nivel de su negocio cada vez más profesional y así atraer más clientes.

Célebre- $ 72 OTC -

Creado por un juego de recordar un hecho que ha sucedido, siempre se publicó, el Jueves, y se puede usar esta función para mostrar sus carteras en las más creativas formas posibles hoy en día creado campañas OTC de nuestros clientes, por lo que la creatividad puede ser infinito, y la creación de esta pieza de marketing que atraerá a personas interesadas en que su resultado, es decir el jueves ni siquiera pensar en la publicación de otro material que no es un trabajo que has hecho, esto crea compromiso, y el mayor compromiso en sus redes sociales, más veces que su anuncio y sus mensajes aparecen para las personas, y por lo tanto más ventas.

Si quieres una agencia que se preocupa por cada detalle de su negocio, entonces primero debe Sortweb haciendo clic en el enlace de más abajo que serán dirigidos a nuestro WhatsApp, el servicio es rápido y sencillo.

Haga clic a continuación

https://wa.me/5551996770670

Si quieres una agencia que se preocupa por cada detalle de su negocio, entonces es fácil, primero debe Sortweb, es rápido en la parte superior de este post puede hacer clic y enviar un mensaje directo a nuestro equipo de ventas, y cambiar el nivel de su negocio cada vez más profesional y así atraer más clientes.

#tbt #marketingdigital #criacaodeanuncios #anunciosnoinstagram #marketingparainstagram #empresaquecuidadeinstagram projeto366 # # post72de366 #tbtcriativo #sortweb

$ 73 - Analitycs -

 Esta palabra mágica es un código que se coloca o en su sitio web o en sus redes sociales para controlar el acceso a quién puede ver su contenido con ella se puede definir su público objetivo, tales como edad, sexo, ciudades, países, más horas visitada y así crear una campaña con una segmentación más perfecto posible, evitando así gastos innecesarios, además de que también genera informes que informan lo que el rechazo de su audiencia, la interacción y también lo que su público está buscando más.

Si quieres una agencia que se preocupa por cada detalle de su negocio, entonces primero debe Sortweb haciendo clic en el enlace de más abajo que serán dirigidos a nuestro WhatsApp, el servicio es rápido y sencillo.

Haga clic a continuación

https://wa.me/5551996770670


Si quieres una agencia que se preocupa por cada detalle de su negocio, entonces es fácil, primero debe Sortweb, es rápido en la parte superior de este post puede hacer clic y enviar un mensaje directo a nuestro equipo de ventas, y cambiar el nivel de su negocio cada vez más profesional y así atraer más clientes.

#analitycs #googleanalitycs #facebookanalitycs #bigdados #estatisticas #relatorios #campanhas #publicoalvo #persona #avatar projeto366 # # post73de366 #publicidade

$ 74 - Depresión del siglo malo -

Tal vez la gente no han sido conscientes, sin embargo, más datos son alarmantes, nunca tuvo tantas personas que sufren de depresión, una oportunidad única para los psicólogos lotarem sus agendas, por supuesto, la respuesta a este dolor es mucho más compleja de la que voy a describir aquí, más la razón principal es que la gente no interactúan más, no abrazar, no mire a los ojos, no hablar bien, nunca tuvo tanta tecnología para hacer la vida más fácil y nunca más se supo que tanto se habla de que la gente no tiene más tiempo, buena el hecho es que las relaciones con las personas son cada día más virtual, y esta falta de afecto, el afecto, el apretón de manos que nos causa una cierta inseguridad y la soledad, y esto pone en marcha en una depresión.

Bueno este post es para advertir algo que notamos cuando creamos herramientas para los psicólogos y las voces son unánimes en decir que estas son las principales razones por lo que entonces el empresario si también está pasando por una situación como esa, puede convertir todo esto, hoy en Sortweb ha una llamada para casos como este, donde compartimos videos y materiales que le permiten llegar a nivel 10 en su vida.

Si quieres una agencia que se preocupa por cada detalle de su negocio, entonces primero debe Sortweb haciendo clic en el enlace de más abajo que serán dirigidos a nuestro WhatsApp, el servicio es rápido y sencillo.

Haga clic a continuación

https://wa.me/5551996770670


Si quieres una agencia que se preocupa por cada detalle de su negocio, entonces es fácil, primero debe Sortweb, es rápido en la parte superior de este post puede hacer clic y enviar un mensaje directo a nuestro equipo de ventas, y cambiar el nivel de su negocio cada vez más profesional y así atraer más clientes.

#interpessoal #psicologo #siteparapsicologos # depresión #depressao #tristeza #setembroamarelo #foco #sortweb #objetivo #metas projeto366 # # post74de366 #motivosdadepressao #instancia

$ 75 - ¿Cuánto es un niño? -

 No se equivocó, ¿cuánto es un niño al que, sé que esta pregunta puede parecer extraño, la ayuda más alguna vez se preguntó a un niño con cualquier valor, esa cantidad se une con otras donaciones y se hace la compra de medicamentos, juguetes, o de compras para una causa social, Sortweb abraza el cáncer infantil, por lo que si desea hacer una contribución y participar en este boação, por lo que sólo tienes que seguir el siguiente enlace.

http://www.sortweb.com.br/social

 Si quieres una agencia que se preocupa por cada detalle de su negocio, entonces primero debe Sortweb haciendo clic en el enlace de más abajo que serán dirigidos a nuestro WhatsApp, el servicio es rápido y sencillo.

Haga clic a continuación

https://wa.me/5551996770670


Si quieres una agencia que se preocupa por cada detalle de su negocio, entonces es fácil, primero debe Sortweb, es rápido en la parte superior de este post puede hacer clic y enviar un mensaje directo a nuestro equipo de ventas, y cambiar el nivel de su negocio cada vez más profesional y así atraer más clientes.

#doacao # criançaesperança #teleton #crowndfinding #social projeto366 # # post75de366 #crianca #sortweb #responsabilidadesocial

76 $ - disparadores Mental -

Se trata de sentimientos que activan el cerebro para hacer las ventas para el lado emocional, después de 90% de la decisión de compra se hace por el lado emocional y un 10% en racional, por lo que cuando se puede convertir estos sentimientos en los anuncios de venta se convierte en fácil en los próximos días detallamos varios factores desencadenantes que hacen ventas de millones todos los días, así que estad atentos a cómo se puede utilizar también conocer estos disparadores por idioma PNL.

Si quieres una agencia que se preocupa por cada detalle de su negocio, entonces primero debe Sortweb haciendo clic en el enlace de más abajo que serán dirigidos a nuestro WhatsApp, el servicio es rápido y sencillo.

Haga clic a continuación

https://wa.me/5551996770670


Si quieres una agencia que se preocupa por cada detalle de su negocio, entonces es fácil, primero debe Sortweb, es rápido en la parte superior de este post puede hacer clic y enviar un mensaje directo a nuestro equipo de ventas, y cambiar el nivel de su negocio cada vez más profesional y así atraer más clientes.

#gatilhosmentais #vendasautomaticas #anunciosquevendem # post76de366 #sortwebstudio #anunciosdeinstagram

$ 77 - Abrelatas -

El primer partido es un disparador ampliamente utilizado en la seducción, cada conversación principio con que sabemos no es un poco de miedo, porque no tenemos la comodidad suficiente para tener la interacción de una conversación, entonces esta herramienta se puede utilizar para generar curiosidad, un ejemplo es bueno "Tengo malas noticias para usted ... "que llaman el anuncio funcionará mucho, porque la curiosidad es más fuerte que la falta de comodidad para no conocer el servicio de este aviso.

Si quieres una agencia que se preocupa por cada detalle de su negocio, entonces primero debe Sortweb haciendo clic en el enlace de más abajo que serán dirigidos a nuestro WhatsApp, el servicio es rápido y sencillo.

Haga clic a continuación

https://wa.me/5551996770670


Si quieres una agencia que se preocupa por cada detalle de su negocio, entonces es fácil, primero debe Sortweb, es rápido en la parte superior de este post puede hacer clic y enviar un mensaje directo a nuestro equipo de ventas, y cambiar el nivel de su negocio cada vez más profesional y así atraer más clientes.

#gatilhomental #linguagempnl #abridor #gatilhodacuriosidade #gatilhodoabridor # post77de366 #anunciosquevendem

$ 78 - La escasez -

Esta herramienta se utiliza adecuadamente funciona como una bomba atómica en su marketing digital, más tiene que ser utilizado en forma parcial, por ejemplo, la gente dice hoy es el último día de la promoción y al día siguiente la promoción sigue allí, y dentro de una semana promoción está todavía allí, que no se integrará, la gente tiene que tener un claro entendimiento de que si pierden esta oferta se llevará a conseguir otro, o tal vez nunca se necesita en función del producto que está anunciando.

Bueno eres decir brevemente que tiene un límite de lo que está vendiendo, no es infinita, y si la gente se da cuenta que está hablando en realidad las ventas listas será certero.

Si quieres una agencia que se preocupa por cada detalle de su negocio, entonces primero debe Sortweb haciendo clic en el enlace de más abajo que serán dirigidos a nuestro WhatsApp, el servicio es rápido y sencillo.

Haga clic a continuación

https://wa.me/5551996770670


Si quieres una agencia que se preocupa por cada detalle de su negocio, entonces es fácil, primero debe Sortweb, es rápido en la parte superior de este post puede hacer clic y enviar un mensaje directo a nuestro equipo de ventas, y cambiar el nivel de su negocio cada vez más profesional y así atraer más clientes.

#vendasmagneticas #escassez #gatilhomental projeto366 # # post78de366 #anuncioscomescassez #vendas #sold #pay

$ 79 - Confort -

Como se mencionó en algunos puestos de ventas futuras que se utilizan más disparadores mentales será, sin duda, donde tienen más ventas, herramienta de la comodidad es cuando ya tiene una cierta intimidad, su cliente ya se basa un poco en ti, tal vez él ya incluso ha comprado algo de usted, se siente cómodo estar en diálogo con usted, esta herramienta es perfecta para cuando creamos anuncios remakerting, que es el anuncio que está siguiendo la gente.

Si quieres una agencia que se preocupa por cada detalle de su negocio, entonces primero debe Sortweb haciendo clic en el enlace de más abajo que serán dirigidos a nuestro WhatsApp, el servicio es rápido y sencillo.

Haga clic a continuación

https://wa.me/5551996770670


Si quieres una agencia que se preocupa por cada detalle de su negocio, entonces es fácil, primero debe Sortweb, es rápido en la parte superior de este post puede hacer clic y enviar un mensaje directo a nuestro equipo de ventas, y cambiar el nivel de su negocio cada vez más profesional y así atraer más clientes.

#gatilhosmentais #conforto #sortweb #remarketing # post79de366 #marketingdigital #tecnicasdevendas #anunciosmagneticos

$ 80 - Nuevo -

Ponemos el gatillo más a modo de curiosidad, ya que no necesita presentación, después de todo, que no le gusta nuevo, todo nuevo es atractiva, todo lo que es revolucionario que queremos tener, funciona muy bien en el mercado de teléfonos móviles, donde la búsqueda siempre para un modelo con más opciones es más atractivo, y luego pensar en su servicio, usted tiene que renovar cada año algo, ya sea un cambio pequeño o grande, la mayoría de las personas se dan cuenta, y quiere estar siempre a la fecha de su servicio.

Si quieres una agencia que se preocupa por cada detalle de su negocio, entonces primero debe Sortweb haciendo clic en el enlace de más abajo que serán dirigidos a nuestro WhatsApp, el servicio es rápido y sencillo.

Haga clic a continuación

https://wa.me/5551996770670


Si quieres una agencia que se preocupa por cada detalle de su negocio, entonces es fácil, primero debe Sortweb, es rápido en la parte superior de este post puede hacer clic y enviar un mensaje directo a nuestro equipo de ventas, y cambiar el nivel de su negocio cada vez más profesional y así atraer más clientes.

#novidade #new # # post80de366 projeto366 #sortweb #marketingdigital #top #gatilhomental #linguagempnl #vendas #comovendermais #anunciosquevendem

81 $ - Sins -

No sé cuánto está religiosa, ni es la intención de discutir esto aquí, más el hecho es que en la Biblia hay siete pecados capitales, y los explotados de anuncios correctamente, usted puede prepararse para llenar su horario, porque los pecados exigen demasiado la atención de las personas en los anuncios o mensajes en este proyecto 366 post vamos a detalle uno por uno, con ejemplos, tener en cuenta, y ser ya un fan de este perfil, y aprender cada día más anuncios magnéticos hacen que venden de forma automática.

Si quieres una agencia que se preocupa por cada detalle de su negocio, entonces primero debe Sortweb haciendo clic en el enlace de más abajo que serán dirigidos a nuestro WhatsApp, el servicio es rápido y sencillo.

Haga clic a continuación

https://wa.me/5551996770670


Si quieres una agencia que se preocupa por cada detalle de su negocio, entonces es fácil, primero debe Sortweb, es rápido en la parte superior de este post puede hacer clic y enviar un mensaje directo a nuestro equipo de ventas, y cambiar el nivel de su negocio cada vez más profesional y así atraer más clientes.

# # Post81de366 projeto366 #pecadocapital #gula # 7pecados #vendamagnetica # 7pecadoscapitais

$ 82 - Twitter -

Como una herramienta que mueve a millones de personas en el mundo es tan ignorados por los empresarios, no tengo esa respuesta que sé es que las personas más influyentes en el mundo pueden generar mil millones en segundos con un solo puesto de 280 caracteres, pero ha sucedido innumerables veces cuando el presidente nos hace una bolsa de valores de correos pueden desencadenar o caer en picado, es el efecto de una red social abandonada por muchos empresarios en Brasil.

Si quieres una agencia que se preocupa por cada detalle de su negocio, entonces primero debe Sortweb haciendo clic en el enlace de más abajo que serán dirigidos a nuestro WhatsApp, el servicio es rápido y sencillo.

Haga clic a continuación

https://wa.me/5551996770670


Si quieres una agencia que se preocupa por cada detalle de su negocio, entonces es fácil, primero debe Sortweb, es rápido en la parte superior de este post puede hacer clic y enviar un mensaje directo a nuestro equipo de ventas, y cambiar el nivel de su negocio cada vez más profesional y así atraer más clientes.

# Post82de366 #presidente #twitter #anunciosnotwitter #bolsadevalores #nadasq # b3 #empiricus #donaldtrump # eleições2020 #bovespa #newyourk #nise #washington

83 $ - Los correos electrónicos que millones de la venta -

Me encanta este tema, una maravillosa manera de crear embudo de ventas es con el marketing de correo electrónico, por desgracia, muchos empresarios dejaron de lado esta maravillosa herramienta que puede hacer una venta casi instantánea en su negocio, y lo más importante es crear mensajes de correo electrónico relleno de disparadores mentales cada día cursos de venta que generan millones en Brasil se realizan por correo electrónico, porque el costo es muy bajo e incluso se puede programar los mensajes de correo electrónico tiros automatizar estas tareas para centrarse en lo que importa, que es su llamar y su servicio.

Si quieres una agencia que se preocupa por cada detalle de su negocio, entonces primero debe Sortweb haciendo clic en el enlace de más abajo que serán dirigidos a nuestro WhatsApp, el servicio es rápido y sencillo.

Haga clic a continuación

https://wa.me/5551996770670


Si quieres una agencia que se preocupa por cada detalle de su negocio, entonces es fácil, primero debe Sortweb, es rápido en la parte superior de este post puede hacer clic y enviar un mensaje directo a nuestro equipo de ventas, y cambiar el nivel de su negocio cada vez más profesional y así atraer más clientes.

#emailmarketing # post83de366 #emailsquevendem #gatilhosmentais #sortweb #pegn #headline # automaçãodeemails #builderall #leadlovers #anunciosememails

84 $ - Los colores que venden -

La elección de colores es una parte fundamental de su negocio, ya sea en los anuncios, ya sea en sus redes sociales o en su sitio web, todo debe seguir una línea estándar de su marca, así que cuando la gente ve los anuncios, se conectará rápidamente a su nombre marca, se puede imaginar una coca cola azul, entonces este refresco siempre sigue la misma línea en ambos anuncios y en los negocios, ya que es una manera de registrar la marca, a continuación, un ejemplo que me gusta dar siempre en casos de cara es de color rojo, siempre funciona para la comida, mientras que el azul es la apuesta, como se conoce cuando se mira en el rojo, ganas de comer, por lo que conocer que debido a que se pone otro color en su logotipo si su negocio es el suministro, por ejemplo, observar el grandes cadenas de comida rápida como McDonalds y Burger king, rojo y colores cálidos para el hambre instigar.

Ya los colores azules son ampliamente utilizados en la asistencia sanitaria, ya que transmite paz, la seguridad de que será bien atendido, así que trate de seguir siempre esta paleta de colores si su caso para los profesionales de la salud.

Si quieres una agencia que se preocupa por cada detalle de su negocio, entonces primero debe Sortweb haciendo clic en el enlace de más abajo que serán dirigidos a nuestro WhatsApp, el servicio es rápido y sencillo.

Haga clic a continuación

https://wa.me/5551996770670

Si quieres una agencia que se preocupa por cada detalle de su negocio, entonces es fácil, primero debe Sortweb, es rápido en la parte superior de este post puede hacer clic y enviar un mensaje directo a nuestro equipo de ventas, y cambiar el nivel de su negocio cada vez más profesional y así atraer más clientes.

#fastfood # post84de366 #mcdonalds #cocacola #burgerking #amomuitotudoisso #food #king #habbibs #coresquevendem #corparalogo #empresademarketing #empresaquecuidaderedesocial


$ 85 - marca de diferenciación -

Para diferenciar su marca tiene que ser un poco visionario, es decir, cambiar los patrones, porque casi todos los sectores es casi más de lo mismo, las empresas son casi iguales, entonces su diferencial tiene que ser visible, y difíciles de superar, por ejemplo, hoy la empresa es un líder en la industria móvil es Apple, porque los consumidores quieren también tener un Iphone, la marca se ha convertido en sinónimo de estatus, que cuenta una historia, varias veces pioneros innovando el mercado, aportando soluciones y la creación de una tribu adquirir los diversos productos de la empresa.

Cree que su empresa puede convertirse en un objeto de deseo, sólo la estrategia correcta, y una consistencia en su servicio, lo que no hace falta mencionar que tiene que tener una calidad o un mejor de lo esperado, bueno con esto en mente puede dejar su empresa en arriba, lo que hace que un icono en su área.

Si quieres una agencia que se preocupa por cada detalle de su negocio, entonces primero debe Sortweb haciendo clic en el enlace de más abajo que serán dirigidos a nuestro WhatsApp, el servicio es rápido y sencillo.

Haga clic a continuación

https://wa.me/5551996770670

Si quieres una agencia que se preocupa por cada detalle de su negocio, entonces es fácil, primero debe Sortweb, es rápido en la parte superior de este post puede hacer clic y enviar un mensaje directo a nuestro equipo de ventas, y cambiar el nivel de su negocio cada vez más profesional y así atraer más clientes.

#iphone #apple #samsung projeto366 # # # # post85de366 marketingdediferenciação diferenciaçãodemarca #objetodedesejo #marcasdiferentes #ideiasdemarcas

86 $ - Embudo de Ventas

La descripción de un embudo es simple, a generar tráfico, calidad o no a su sitio o a sus redes sociales, almacena los datos de los visitantes y luego envía los anuncios más personalizados para ellos, ya que normalmente la gente no compra en la primera visita, entonces el embudo es para el primer contacto, creamos una estrategia de marketing 5x que cubre el total de su negocio, desde la creación de anuncios, llamadas, hasta que la segmentación final para su público objetivo.

Si quieres una agencia que se preocupa por cada detalle de su negocio, entonces primero debe Sortweb haciendo clic en el enlace de más abajo que serán dirigidos a nuestro WhatsApp, el servicio es rápido y sencillo.

Haga clic a continuación

https://wa.me/5551996770670

Si quieres una agencia que se preocupa por cada detalle de su negocio, entonces es fácil, primero debe Sortweb, es rápido en la parte superior de este post puede hacer clic y enviar un mensaje directo a nuestro equipo de ventas, y cambiar el nivel de su negocio cada vez más profesional y así atraer más clientes.

# Estrategia5x #projetodemarketing #marketingdigital #funildevendas #anunciosnaredesocial # post86de366 #trafego #sortweb #instagramprofissional #empresaquecuidadoinstagram

$ 87 - ¿Por qué y para quién -

Hoy en día es una pequeña reflexión para obtener mejores resultados en su conjunto, si se siente desanimado por la falta de resultados en su negocio, saben que esto es normal y ocurre de vez en cuando, cuanto más se debe preguntar a todos día cuando se despierta es por qué haces lo que haces, y que haces lo que haces con ellas la cabeza respostar tendrá una fuente de energía para hacer frente a todos los retos que tiene en su día.

Si quieres una agencia que se preocupa por cada detalle de su negocio, entonces primero debe Sortweb haciendo clic en el enlace de más abajo que serán dirigidos a nuestro WhatsApp, el servicio es rápido y sencillo.

Haga clic a continuación

https://wa.me/5551996770670

Si quieres una agencia que se preocupa por cada detalle de su negocio, entonces es fácil, primero debe Sortweb, es rápido en la parte superior de este post puede hacer clic y enviar un mensaje directo a nuestro equipo de ventas, y cambiar el nivel de su negocio cada vez más profesional y así atraer más clientes.

#porqueeporquem #coaching post87de366 # # projeto366 #motivacional #fontedeenergia #foco #objetivo #tonnyrobins

88 $ - Video Script -

Para crear un video de ventas que necesita para crear una secuencia de comandos, siga un mismo guión, y hay algunas reglas para generar una mayor conversión, bueno un video perfecto que las ventas de las minas de oro no pueden contener más de un minuto, usted tiene que abrir con un titular, que es un título que genera curiosidad, a continuación, hablar sobre el dolor de un público objetivo, al hablar de su dolor público objetivo en algunos lugares dirán muestran el cielo y el infierno, después de algunos testimonios o prueba social como prefiera hablar con rapidez de su servicio, y, finalmente, una llamada a la acción, puede ser cualquier cosa de un clic aquí, para ver información, obviamente, para crear toda esta secuencia de comandos tendría al detalle cada paso, con cuidado de permanecer en nuestras series y nuestros storyes de uso muchos videos en nuestras estrategias.

Si quieres una agencia que se preocupa por cada detalle de su negocio, entonces primero debe Sortweb haciendo clic en el enlace de más abajo que serán dirigidos a nuestro WhatsApp, el servicio es rápido y sencillo.

Haga clic a continuación

https://wa.me/5551996770670

Si quieres una agencia que se preocupa por cada detalle de su negocio, entonces es fácil, primero debe Sortweb, es rápido en la parte superior de este post puede hacer clic y enviar un mensaje directo a nuestro equipo de ventas, y cambiar el nivel de su negocio cada vez más profesional y así atraer más clientes.

\# Post88de366 #video #mapadeouro #ouronofimdoarcoiris #dicadeouro #dicademarketing #videodevendas # estrategia5x #youtube #vendasnoyoutube #vendascomvideo

89 $ - no retorno del Off Road -

Es un camino de no retorno, es necesario tener mucho cuidado al aplicar descuentos, esta frase ha sido siempre en nuestra agencia y hoy vamos a compartir con ustedes "que viene voluntad precio por precio, aquellos que vienen por valor pagado lo que es," ¿Cuántas veces que pagó más por tener un mejor servicio, que es cuando se agrega valor, el precio es en el fondo, a continuación, con mucho cuidado, porque los que pagan un precio para un tipo de servicio duro pagará mucho más por el mismo servicio, ya sea en cuenta al crear sus descuentos.

Si quieres una agencia que se preocupa por cada detalle de su negocio, entonces primero debe Sortweb haciendo clic en el enlace de más abajo que serán dirigidos a nuestro WhatsApp, el servicio es rápido y sencillo.

Haga clic a continuación

https://wa.me/5551996770670

Si quieres una agencia que se preocupa por cada detalle de su negocio, entonces es fácil, primero debe Sortweb, es rápido en la parte superior de este post puede hacer clic y enviar un mensaje directo a nuestro equipo de ventas, y cambiar el nivel de su negocio cada vez más profesional y así atraer más clientes.

#desconto # post89de366 #liquidacao #blackfriday #stock # promoción #promocao #sales #offer #oferta #discount #outlet

$ 90 - el embalaje del producto -

Si usted tiene un servicio así que mejor puede envasar, tanto de forma digital y en persona, a veces puede ser un bordado bata de laboratorio, uniforme para requisitos particulares con diferentes colores y digitalmente hay varias maneras de incluir su servicio, donde la gente puede comprar en línea y tener solicite su reparación, añadirnos a sus favoritos, porque vamos a hablar pronto de nuevos medios de pago digital, a continuación, disfruta y compartir este post.

Si quieres una agencia que se preocupa por cada detalle de su negocio, entonces primero debe Sortweb haciendo clic en el enlace de más abajo que serán dirigidos a nuestro WhatsApp, el servicio es rápido y sencillo.

Haga clic a continuación

https://wa.me/5551996770670

Si quieres una agencia que se preocupa por cada detalle de su negocio, entonces es fácil, primero debe Sortweb, es rápido en la parte superior de este post puede hacer clic y enviar un mensaje directo a nuestro equipo de ventas, y cambiar el nivel de su negocio cada vez más profesional y así atraer más clientes.

#embalagem  #pack  #mockup  post90de366  #  #  #  projeto366  #sortweb personalizaçãodeproduto  #designdeproduto  #uniforme  #profissionalizarempresa #marketingparaempresa #redesociaisparaempresas

$ 91 - SALUD Y NUTRICIÓN DÍA -

Hoy celebramos el día de la salud y la nutrición, incluso podría compartir una receta, más en vez contamos la historia más reciente de nuestro personal cuando decidimos crear el projeto366 único en Brasil y en el mundo, hemos decidido que también tendríamos que cambiar un poco más como entonces la gente antes de iniciar cualquier actividad de la mañana se aprende a meditar y después del ejercicio, desde el 2 de enero de todo nuestro personal se ha dedicado a caminar sobre una cinta de correr o hacer un peso, este movimiento hace que cada día nos mantenemos más creativo, más allá va gran consejo para mantener en el gimnasio hay una fórmula de oro, que es tener una persona con usted cuando usted está comprometido con otra persona que podría ir todos los días para cumplir con su objetivo, si quieres vender más a invertir en sus empleados,se preocupa por ellos, y el resultado será una enorme dedicación a la salud, porque cuando estamos al día con nuestros cuerpo resulta en nuestro trabajo es simplemente increíble.

Si quieres una agencia que se preocupa por cada detalle de su negocio, entonces primero debe Sortweb haciendo clic en el enlace de más abajo que serán dirigidos a nuestro WhatsApp, el servicio es rápido y sencillo.

Haga clic a continuación

https://wa.me/5551996770670


Si quieres una agencia que se preocupa por cada detalle de su negocio, entonces es fácil, primero debe Sortweb, es rápido en la parte superior de este post puede hacer clic y enviar un mensaje directo a nuestro equipo de ventas, y cambiar el nivel de su negocio cada vez más profesional y así atraer más clientes.

#vendedor #funcionario #staff # saúdeenutricao #nutricao #diadanutricao #diadasaude # post91de366 #academia #fitness # entrenamiento #sortwebstudio #receita #sucesso #bebaagua #agua #water


$ 92 - El multimillonario Casco -

Usted sabe que esos multimillonarios ideas que tenemos, que viene en un sueño, o en cualquier situación que se pasa, entonces ella apareció casi sin darse cuenta, tenía que conducir una motocicleta o mejor en el paseo en bicicleta, aquí en el Sur que llamamos grupa, el hecho es que hay una gran dificultad en la comunicación entre las dos personas en la moto, y yo estaba pensando y cascos de la comunicación y la voz podría conseguir claridad en nuestros oídos, porque a menudo está lloviendo, y es posible que desee para alertar al persona tanto que está impulsando en cuanto a lo que está en el paseo, así el reto es la liberación, la forma en que la conexión es por wifi o cualquier otro dispositivo que es hasta el ingeniero o el inicio para crear más colocar las regalías aquí en Sortweb porque seguro de que será un producto que se venderá en todo el mundo.

Si quieres una agencia que se preocupa por cada detalle de su negocio, entonces primero debe Sortweb haciendo clic en el enlace de más abajo que serán dirigidos a nuestro WhatsApp, el servicio es rápido y sencillo.

Haga clic a continuación

https://wa.me/5551996770670


Si quieres una agencia que se preocupa por cada detalle de su negocio, entonces es fácil, primero debe Sortweb, es rápido en la parte superior de este post puede hacer clic y enviar un mensaje directo a nuestro equipo de ventas, y cambiar el nivel de su negocio cada vez más profesional y así atraer más clientes.

#capacete #moto #grupodemotociclistas # WiFi #grandesideias #ideiasbilionarias #billion #ideas #createbillion post92de366 # # projeto366 #yamaha #biz #kawasaki #motorcycle #harley #helmet


## AGRADECIMIENTOS

Es mi agradecimiento a todas las personas, amigos, familiares, clientes que pasaron por mi agencia y podría dar esta experiencia a los diferentes segmentos de empresas, es una especial para mi padre, que era el mayor factor de influencia de mi vida, me dio claridad y siempre creí en mi potencial y por supuesto mi madre que siempre está a mi lado y que estoy totalmente de soportes, y por último mi hija, que es uno de los porqués y porquem que hago lo que hago.

Si una historia que inspiró a hacer mejor que compartir con este libro con sus amigos, o mejor que le puede dar a esto, estoy seguro de que mejorará y su actuación profesional.

Millones de comercialización

Siempre ha habido gente que no me gusta mucho las presentaciones o despedidos, creo que los resultados hablan por sí mismo, por lo que se ahorrará tiempo, soy una persona que respira el marketing y la tecnología digital, vaya a pensar el sueño de ello, y de acuerdo con ganas de crear nuevas estrategias las ventas.

En more've escrito algunos libros, y trabajar casi 15 horas al día pensando en maneras de hacer la venta una mejor experiencia para los consumidores, estoy seguro de que aquí tienen una historia de la que va a ser identificado, así como muchos otros que eran éxitos y fracasos, yo os llevo muchos años de experiencia para que no cometer los mismos errores que se han cometido en su negocio, agradezco a la compra de este libro, espero sinceramente que se hace una diferencia en su negocio de una manera positiva, y que usted puede hacer aún más ventas.

El uso constante de hashtags en los puestos es casi como mantras para utilizar, y se puede utilizar para su negocio.

Finalmente, mi nombre es Douglas Jackson, Thomas, un nerd que ama lo que hace y hará cualquier cosa por cada día que vende aún más.

Sigue mis redes sociales como Instagram @sortweb.

proyecto 366

# 1 Este año 2020, nosotros en Sortweb estudio, hemos decidido compartir con nuestros clientes una temporada con 366 consejos y dudas de emprendimiento y experiencias, desafíos que tenemos a lo largo de nuestros 15 años, asegúrese de seguir nuestras series, poner en favoritos, después de todo lo que le dirá muchas ideas que ya rederam millones de dólares para nuestros clientes.

366 Este proyecto tiene como objetivo mostrar la resistencia de nuestros servicios, y le mostrará los resultados sorprendentes que puede tener en el marketing digital.

Sortweb estudio se enorgullece de ser un pionero en este proyecto y deseos a todos los que están abriendo sus negocios o empresarios que ya tienen una marca establecida, que este año es un año increíble, tanto para las ventas y de nuevas experiencias.

¿Quieres saber más sobre el proyecto # 366 contactos por WhatsApp (51) 996-770-670

#projeto366# 366#marketing digital#red social#empresaquefazsite#grafica#marketingdigitalcanoas#anuncionoface#anunciono google